16	3	2	13
5	10	11	8
9	6	7	12
4	15	14	1

Paul Celan

A ROSA DE NINGUÉM

Die Niemandsrose

Tradução e apresentação
Mauricio Mendonça Cardozo

Edição bilíngue

editora 34

EDITORA 34

Editora 34 Ltda.
Rua Hungria, 592 Jardim Europa CEP 01455-000
São Paulo - SP Brasil Tel/Fax (11) 3811-6777 www.editora34.com.br

Copyright © Editora 34 Ltda. (edição brasileira), 2021
© S. Fischer Verlag GmbH, Frankfurt am Main, 1963

A FOTOCÓPIA DE QUALQUER FOLHA DESTE LIVRO É ILEGAL E CONFIGURA UMA
APROPRIAÇÃO INDEVIDA DOS DIREITOS INTELECTUAIS E PATRIMONIAIS DO AUTOR.

Imagem da capa:
Paul Celan em seu apartamento à 78 rue de Longchamp, em Paris, na primavera de 1963. Fotografia de Lütfi Özkök.

Capa, projeto gráfico e editoração eletrônica:
Franciosi & Malta Produção Gráfica

Revisão:
Cide Piquet, Beatriz de Freitas Moreira

1ª Edição - 2021

CIP - Brasil. Catalogação-na-Fonte
(Sindicato Nacional dos Editores de Livros, RJ, Brasil)

C339r
Celan, Paul, 1920-1970
A rosa de ninguém / Paul Celan; tradução e apresentação de Mauricio Mendonça Cardozo; edição bilíngue — São Paulo: Editora 34, 2021
(1ª Edição).
192 p.

Texto bilíngue, português e alemão

Tradução de: Die Niemandsrose

ISBN 978-65-5525-056-5

1. Poesia alemã. 2. Cardozo, Mauricio Mendonça. I. Título.

CDD - 831

A ROSA DE NINGUÉM
Die Niemandsrose

Apresentação, *Mauricio Mendonça Cardozo* 9

I

Era terra dentro deles [Es war Erde in ihnen] 41
Palavra de ir-ao-fundo
    [Das Wort vom Zur-Tiefe-Gehn] 43
No vinho e na desventura
    [Bei Wein und Verlorenheit] 45
Zurique, Zum Storchen [Zürich, Zum Storchen] 47
A três, a quatro [Selbdritt, selbviert] 49
Tantas constelações [Soviel Gestirne] 51
Teu estaralém [Dein Hinübersein] 53
Entre ambas as mãos [Zu beiden Händen] 55
Doze anos [Zwölf Jahre] 57
Com todas as ideias [Mit allen Gedanken] 59
A eclusa [Die Schleuse] 61
Perfumes mudos de outono
    [Stumme Herbstgerüche] 63
Gelo, Éden [Eis, Eden] 65
Salmo [Psalm] 67
Tübingen, janeiro [Tübingen, Jänner] 69
Alquímico [Chymisch] 71
Balada malas-arte e triquetraz
    [Eine Gauner- und Ganovenweise] 75

II

Pé-de-rútilo [Flimmerbaum] 81
Errático [Erratisch] 85
Algo de tal-qual-mão [Einiges Handähnliche] 87
... Rumoreja a fonte [... Rauscht der Brunnen] 89

Não é mais [Es ist nicht mehr] 91
Radix, Matrix [Radix, Matrix] 93
Terranegra [Schwarzerde] 97
Para alguém diante da porta
    [Einem, der vor der Tür stand] 99
Mandorla [Mandorla] 103
Com o rosto colado em ninguém
    [An niemand geschmiegt] 105
Dioico, eterno [Zweihäusig, Ewiger] 109
Siberiano [Sibirisch] 111
Benedicta [Benedicta] 113
À la pointe acérée [À la pointe acérée] 115

III

As pedras claras [Die hellen Steine] 121
Anábase [Anabasis] 123
Um bumerangue [Ein Wurfholz] 125
Havdalá [Hawdalah] 127
O menir [Le Menhir] 129
Tarde com circo e cidadela
    [Nachmittag mit Zirkus und Zitadelle] 131
De dia [Bei Tag] 133
Kermorvan [Kermorvan] 135
Cortei bambu [Ich habe Bambus geschnitten] 137
Cólon [Kolon] 139

IV

Que aconteceu? [Was geschah?] 143
Em um [In eins] 145
Excoroado [Hinausgekrönt] 147
Lá onde me caía a palavra [Wohin mir das Wort] 151
Les Globes [Les Globes] 153
Orecemas [Huhediblu] 155
Janela de choupana [Hüttenfenster] 161

A sílaba dor [Die Silbe Schmerz] 165
La Contrescarpe [La Contrescarpe] 169
Tudo é diferente [Es ist alles anders] 173
E com o livro de Tarusa
    [Und mit dem Buch aus Tarussa] 179
No ar [In der Luft] 185

Sobre o autor 189
Sobre o tradutor 191

UMA LIÇÃO DE FLOR

Mauricio Mendonça Cardozo[1]

> "Ninguém nos molda outra vez de terra e barro,
> ninguém encanta nosso pó.
> Ninguém.
> Louvado seja você, Ninguém."
>
> Paul Celan[2]

Alguma recepção

Salvo engano, é provável que uma das primeiras contribuições para a recepção da obra de Paul Celan no Brasil tenha sido uma resenha de Modesto Carone, publicada em agosto de 1973, no jornal *Folha de S. Paulo*, e que inclui uma tradução sua, para o português, do poema "Todesfuge".[3] Em

---

[1] Parte deste texto de apresentação reproduz, em versão atualizada e reelaborada, excertos de dois artigos publicados por mim em 2012 ("A obscuridade do poético em Paul Celan", *Pandaemonium Germanicum*, v. 15, pp. 82-108) e em 2017 ("Transcriação, dom de vida", *Elyra*, v. 9, pp. 41-57).

[2] Tradução minha dos primeiros versos do poema "Salmo" (vide nesta edição p. 67)

[3] Paul Celan, *Mohn und Gedächtnis*, edição crítica de Tübingen, Jürgen Wertheimer, Heino Schmull e Christiane Braun (orgs.), Frankfurt, Suhrkamp, 2004, pp. 55-9. A despeito de tratar-se do poema mais conhecido (e mais traduzido) de Celan, pouca atenção é dedicada (ao menos na crítica lusófona) ao fato de que, em sua edição em livro, como parte integrante da obra *Mohn und Gedächtnis*, publicada originalmente em 1952 (e, em edição comercial, em 1953), "Todesfuge" constitui, por si só, o segundo dos quatro ciclos desse livro de poemas. Trata-se, portanto, de um poema-ciclo. A importância da figura do ciclo de poemas como elemento

seu texto, Carone chama a atenção do leitor para o desafio que a leitura de Celan representaria em razão das dificuldades "que seus textos francamente obscuros e 'herméticos' oferecem aos dissecadores de toda poesia 'difícil'".[4]

Se, nessa breve apresentação do poeta, Modesto Carone subscreve à tendência dominante da recepção celaniana nos anos 1970 e 1980, em *A poética do silêncio* o autor já parece apontar para a necessidade de uma problematização da dimensão do hermetismo em Celan. Para Carone, o poeta estaria na mesma linha de tradição que remonta a Baudelaire, Mallarmé e Valéry. Nesse sentido, ao promover no próprio tecido verbal uma sondagem do estatuto da poesia, os poemas de Celan poderiam ser entendidos como crítica da linguagem. Crítica que não se daria no corpo de um discurso filosófico ou científico, mas no próprio espaço do poema, como meta-poema. Carone elegeria o silêncio na obra de Celan como elemento que justifica a impressão "das dificuldades que sua dicção poética fechada [...] oferece à leitura". Para o autor: "Essa vocação para o silêncio é, na verdade, uma das marcas fundamentais da poesia de Celan — o impulso que a leva conscientemente ao hermetismo". Carone identificaria, aí, uma convicção do poeta "de que a poesia radica no espa-

---

articulador da unidade do livro-de-poemas na obra de Celan já foi amplamente reconhecida e estudada pela crítica (vide, por exemplo, Juliana Perez, *Offene Gedichte: Eine Studie über Paul Celans 'Die Niemandsrose'*, Würzburg, Königshausen & Neumann, 2010). E, no caso particular desse poema, a questão não parece ser de menor importância para o poeta, como indica, por exemplo, a carta escrita a sua editora em novembro de 1952: "TODESFUGE é um poema autônomo, i.e., um poema que deve ser visto como um ciclo autônomo" ["TODESFUGE ist ein selbständiges Gedicht, d. h. als selbständiger Zyklus zu betrachten"] (Paul Celan, *Mohn und Gedächtnis*, cit., p. 55).

[4] Modesto Carone, "Paul Celan: a linguagem destruída", *Folha de S. Paulo*, 19/8/1973. Disponível em: <http://almanaque.folha.uol.com.br/carone2.htm>.

ço do não-dito". No entanto, a despeito de identificar em Celan essa inequívoca "marcha para o silêncio" — acentuada ainda mais em seus últimos livros —, o crítico aponta para uma necessidade de se pensar numa "versão mais complexa" dessa obscuridade celaniana, ressaltando que seu hermetismo "não se confunde com esteticismos do tipo arte-pela-arte ou torre-de-marfim".[5]

Não se pode deixar de mencionar, nesse primeiro contexto de recepção do poeta no Brasil, as duas antologias organizadas e traduzidas por Flávio Kothe — *Poemas*[6] e *Hermetismo e hermenêutica*[7] —, que representam as duas primeiras edições de poemas de Celan publicadas em língua portuguesa. Trata-se de um trabalho inserido de modo emblemático no chamado paradigma do hermetismo, no qual o tradutor encontra justificativa para o próprio trabalho de tradução e comentário, que ele sintetiza na forma de uma "necessidade" de transpor "a barreira do hermetismo". A antologia de Flávio Kothe, em edição ampliada, revista e reorganizada na mesma perspectiva crítica, foi republicada em volume único em 2016 sob o título *A poesia hermética de Paul Celan*.[8]

Essa visada hermético-hermenêutica não se restringe, porém, à recepção da obra celaniana nos anos 1970 ou 1980. Nos prefácios a sua antologia portuguesa da obra de Celan, intitulada *Sete rosas mais tarde* (publicada originalmente em

---

[5] Modesto Carone, *A poética do silêncio: João Cabral de Melo Neto e Paul Celan*, São Paulo, Perspectiva, 1979, pp. 16-21, 99-100.

[6] Paul Celan, *Poemas*, tradução e introdução de Flávio Kothe, Rio de Janeiro, Tempo Brasileiro, 1977.

[7] Paul Celan, *Hermetismo e hermenêutica*, introdução, tradução, comentários e organização de Flávio Kothe, Rio de Janeiro, Tempo Brasileiro, 1985.

[8] Paul Celan, *A poesia hermética de Paul Celan*, organização, tradução e comentários de Flávio Kothe, Brasília, Editora da UnB, 2016.

1993, reeditada em 1996 e 2006), João Barrento e Yvette K. Centeno apresentam a obra de Celan também sob o signo do hermetismo.[9] É Centeno quem o faz de modo mais explícito, ao afirmar, por exemplo, que "A poesia de Paul Celan é 'hermética' no sentido coloquial da palavra: difícil, de entendimento restrito a um limitado grupo de apreciadores". Ou quando propõe que, na obra do poeta: "Hermetismo e cabalismo coincidem na ideia da criação pela palavra". Ou ainda, em sua síntese categórica: "Com Paul Celan habitamos o silêncio".[10]

Em resenha intitulada "Paul Celan: no rastro perdido da experiência", a poeta e crítica literária portuguesa Maria João Cantinho parece aderir à ideia de uma aproximação da experiência dos limites do real e da linguagem a um limiar do emudecimento. Mas mesmo desenvolvendo sua reflexão na esteira da dimensão ética da relação com o outro implicada no tempo dessa experiência-limite, sua leitura do poeta ainda parece ser fortemente tributária do viés hermético. Ao final de sua resenha, Cantinho afirma:

> Não existe qualquer apaziguamento nessa poesia de um hermetismo que revela um mundo irreversivelmente contaminado, destruído. O hermetismo — e o ca-

---

[9] Em 1996, João Barrento e Vanessa Milheiro publicam *Arte poética: O meridiano e outros textos*, antologia dos textos em prosa mais conhecidos de Celan, reeditada em 2017. Em 1998, João Barrento publica *A morte é uma flor: poemas do espólio*. Também em Portugal, em 2014, Gilda Lopes Encarnação publica *Não Sabemos mesmo O Que Importa: cem poemas*. Essa ampla antologia, no entanto, é resultado de um projeto de tradução que se orienta em torno de outro eixo crítico da recepção de Celan, o dialógico, centrado na discussão da relação Eu-Você (Eu-Tu), como a autora, aliás, deixa bastante claro em seu posfácio.

[10] Yvette K. Centeno, "Paul Celan: o sentido e o tempo", em Paul Celan, *Sete rosas mais tarde*, seleção, tradução e introdução de João Barrento e Y. K. Centeno, Lisboa, Cotovia, 2006, pp. xv-xxviii.

balismo — da sua poesia reforça, através das suas imagens, esse esvaziamento do mundo e, ao mesmo tempo, permite a acentuação da intensidade dramática do real.[11]

Em 1999, ao resenhar a então recém-lançada antologia de poemas de Celan intitulada *Cristal*, organizada e traduzida por Claudia Cavalcanti, Bernardo Carvalho associa a poesia celaniana ao que ele apresenta como um paradoxo: "dizer o indizível, comunicar o incomunicável". E a despeito de mencionar o fato de que o próprio poeta resistia ao rótulo de sua poesia como hermética, o escritor e articulista reforça a imagem da obra de Celan como a de uma poesia difícil, definindo sua leitura como uma espécie de jogo de decifração: "Já no esforço de abri-la (e decifrá-la) está um pouco da sua singularidade; o esforço que o poema exige já é parte de um encontro com o leitor".[12]

Em "Paul Celan: a expressão do indizível", Irene Aron analisa o famoso poema "Todesfuge", de Celan, também no horizonte de uma espécie de estética do indizível, destacando os recursos técnicos utilizados pelo poeta — como a repetição incessante de *topoi* da tradição lírica, que o poeta transforma em *Leitmotive* do poema — para a construção de um monumento em homenagem às vítimas da Shoah, sem ter de, para tanto, recorrer a imagens de "câmaras de gás ou de fornos crematórios". Contudo, trata-se, para Aron, do indizível não no sentido de uma negatividade, do que se fecha a uma passagem ao dito: a autora sublinha, ao contrário, o uso que Celan faz de uma linguagem "relativamente simples". Para

---

[11] Maria João Cantinho, "Paul Celan: no rastro perdido da experiência", *Poetícia*, 2011. Disponível em: <http://poeticia.blogspot.com/2011/01/paul-celan-no-rastro-perdido-da.html>.

[12] Bernardo Carvalho, "Contra a literatura", *Folha de S. Paulo*, Caderno Ilustrada, 10/7/1999. Disponível em: <https://www1.folha.uol.com.br/fsp/ilustrad/fq10079922.htm>.

a autora, ao menos no que diz respeito à obra do jovem poeta autor de "Todesfuge", trata-se, antes de mais nada, de um modo singular de dizer o indizível.[13]

No ensaio de Vera Lins intitulado "Paul Celan, na quebra do som e da palavra: poesia como lugar de pensamento" (publicado originalmente em 1998), a autora trabalha com a ideia de que a poesia de Celan "faz um percurso em que a linguagem é levada a seus abismos, desarticulada e rarefeita", mas sem capitular diante de seus limites. Ao contrário, Lins sublinha o fato de que essa linguagem sempre aponta para a possibilidade de "uma redescoberta das palavras e da existência". Para a autora, a obra de Celan "tem lugar no reencontro, o que, no entanto, só pode acontecer pela travessia dos abismos da linguagem". A poética celaniana estaria, assim, a serviço de flagrar a linguagem em sua espessura, despertando-nos de um sonho de transparência. Para Lins, o poeta faz isso ao optar por "um modo de dizer que arruína a representação", quando "opera com a carbonização e o esvaziamento da escrita; quebra o ritmo e a sintaxe, trabalha com pedaços de sons e palavras, cunha novas palavras, divide outras" e assim por diante. Tendo isso em vista, Lins propõe que a obra de Celan poderia ser entendida como "crítica radical à linguagem da comunicação", retomando assim o argumento de Carone, cuja obra a autora cita.

Lins reforça a tese de que a obra de Celan parece tornar "impossível a tarefa de produzir um sentido". No entanto, a autora descreve o "ato poético" celaniano como algo que "nega o que é pelo corte, pela quebra, pela aniquilação da aparência". Nesses termos, tal impossibilidade de fazer sentido não diria respeito a uma impermeabilidade, a um fechamento da obra sobre si mesma, a um suposto hermetismo,

---

[13] Irene Aron, "Paul Celan: a expressão do indizível", *Pandaemonium Germanicum*, nº 1, 1997, pp. 77-85. Disponível em: <https://www.revistas.usp.br/pg/article/view/62941/65700>.

mas, sim, a uma espécie de ruptura instaurada no espaço do poema, que Lins identificará como o momento em que a poesia acontece, como o "instante da catástrofe ou da revolta, quando das ruínas emerge um dizer inesperado". Esse corte seria um traço marcante da poesia de Celan, para quem, segundo a autora, "a poesia é interrupção, suspensão da fala [...] Quando a palavra falta, acontece a poesia". É nesse sentido que a obra de Celan, ao empenhar-se na "quebra de um mundo para poder fazer emergir o não dito", encenaria, para a autora, uma recusa à lógica da representação.[14]

Como bem destaca Juliana P. Perez em *Offene Gedichte: Eine Studie über Paul Celans 'Die Niemandsrose'*,[15] trabalho fundamentado na pesquisa documental e textual-genética da obra de Celan, a partir dos anos 1990 a crítica especializada começa a dispor de edições histórico-críticas de sua obra poética e em prosa, bem como de edições até então inéditas de sua vasta correspondência e dos textos esparsos que integram o espólio do poeta (material que serviu de base também para esta tradução). E ao redimensionar substancialmente o *corpus* da obra de Paul Celan, seja por ampliá-lo com materiais antes indisponíveis, seja por reapresentar as obras em edições que oferecem uma visão perspectivada da gênese de cada texto, essas publicações vêm provocando grande impacto na crítica mais recente, promovendo a rediscussão de questões há muito tematizadas e levantando novas questões e perspectivas de abordagem da obra do poeta.

---

[14] Vera Lins, "Paul Celan, na quebra do som e da palavra: poesia como lugar de pensamento", em *Poesia e crítica: uns e outros*, Rio de Janeiro, 7Letras, 2005, pp. 23-34.

[15] Juliana Perez, *op. cit.* A obra é o resultado da tese de doutorado homônima, defendida na USP em 2005. A propósito da perspectiva de pesquisa documental e genética da obra de Celan, cf. Axel Gellhaus e Karin Herrmann (orgs.), *"Qualitativer Wechsel". Textgenese bei Paul Celan*, Würzburg, Köngishausen & Neumann, 2010.

Embora em ritmo não tão acelerado quanto em outras partes do mundo e ainda distante de assimilar, de modo mais extensivo, os ganhos da pesquisa textual-genética mais recente, os estudos da obra de Celan no Brasil vêm ganhando corpo nas últimas duas décadas, com vários trabalhos de fôlego, na forma de dissertações e teses — sobre a obra de Celan e/ ou sobre a relação de sua obra com outros autores —, além de inúmeros trabalhos na forma mais sintética ou exploratória de artigos e ensaios. E não podemos deixar de lembrar aqui, também, das incontáveis traduções de sua obra poética e em prosa, que se multiplicam pelas revistas literárias e blogs de poesia, sintoma inequívoco do interesse que a obra do poeta mobiliza nos mais diversos leitores. Na impossibilidade de revisitar aqui esse conjunto de contribuições mais recentes, gostaria de destacar a obra *A dor dorme com as palavras*, resultado da dissertação de mestrado de Mariana Camilo de Oliveira, defendida em 2008.

Girando em torno do teor testemunhal de uma poesia como a de Celan, o trabalho de Oliveira dispõe-se a repensar algumas das principais tradições de leitura da obra do poeta. É nesse sentido que a autora problematiza tanto a redução da poesia celaniana ao estigma do hermetismo quanto certa compreensão da figura da abertura dialógica, avançando a discussão da questão do indizível ao confrontá-la com a discussão dos limites da representação da catástrofe:[16]

> Um *silêncio que fala*: o conflito e a ambivalência desta ideia devem ser sustentados para não se reduzir a poesia celaniana ao fechamento obscuro e silencioso do hermetismo (do absolutamente incomunicável) ou à abertura dialógica e comunicativa de uma linguagem

---

[16] A esse respeito, cf. Arthur Nestrovski e Márcio Seligmann-Silva (orgs.), *Catástrofe e representação: ensaios*, São Paulo, Escuta, 2000.

que pode abarcar (se tudo é dito, o diálogo inexiste; falar demais também pode ser um *crime* [...], que torna Auschwitz digerível, que, por superestetizá-lo, torna-o impossível de ser percebido).[17]

É nessa perspectiva que Oliveira trabalha com a ideia da incorporação do silêncio ao falar, compreendendo o silêncio como uma forma do dizer e conferindo, assim, novos contornos àquele viés de leitura da poesia de Celan como uma "expressão do indizível", nos termos do que já afirmava Irene Aron — e nos termos da discussão que segue mais adiante.

Cabe observar, ainda, que os trabalhos mencionados ao longo desta apresentação apenas cumprem o fim de identificar as questões críticas em torno das quais este projeto de tradução se organiza mais centralmente. Esse conjunto de referências não constitui senão um pequeno recorte da vasta fortuna crítica do poeta no Brasil e em Portugal (para não falar da imensa e crescente recepção crítica de Celan em outras línguas). Um estudo mais amplo da recepção do poeta no Brasil — que aliás se faz cada vez mais urgente — não poderia deixar de considerar a importante contribuição ensaística e tradutória de autores que não foram mencionados aqui, como Márcio Seligmann-Silva, Arthur Nestrovski, Susana Kampff Lages, Nelson Ascher, Raquel Abi-Sâmara, Adalberto Müller (com quem partilhei as primeiras experiências de tradução de Celan), Guilherme Gontijo (cuja tradução de *Atemwende* está prestes a sair também pela Editora 34), entre outros.[18] Esta tradução não seria possível sem o diálogo

---

[17] Mariana Camilo de Oliveira, *A dor dorme com as palavras*, Rio de Janeiro, 7Letras, 2011, p. 137.

[18] Gostaria de agradecer ainda à leitura atenta e generosa que Guilherme Gontijo Flores e Cide Piquet fizeram do manuscrito final desta tradução de *Die Niemandsrose*.

contínuo com esse imenso repertório de estudos e reflexões, muito menos sem a companhia das inumeráveis traduções e da legião de tradutores e tradutoras para o português (os já nomeados e os tantos não nomeados), para o francês (Jean-Pierre Lefebvre, Martine Broda), para o inglês (Michael Hamburger, John Felstiner), para o espanhol (José Luis Reina Palazón) e para o italiano (Giuseppe Bevilacqua), com os quais aprendi a aprender a traduzir Celan. É a esses interlocutores e verdadeiros companheiros de viagem que devo e dedico esta tradução.

"De escuro em escuro"

O tão referido hermetismo da obra de Celan tem seu lugar se entendido como sintoma de uma espécie de quebra de expectativa, como efeito do contraste entre a poesia de Celan e uma visão de poesia que engrandece as formas puras da arte, seu caráter monológico e/ou seu poder declarativo, fundado no primado da legibilidade e avesso a disforias e aporias de qualquer espécie — resguardadas aqui todas as imprecisões e os pontos cegos dessas categorias. É preciso rever o enquadramento hermético dessa obra, no entanto, quando se reduz esse hermetismo a certa "dificuldade de compreensão" dos poemas de Celan.

Os elementos lexicais mais frequentes na obra do poeta, os *Leitmotive* que gravitam no espaço de sua obra formando uma espécie de "mitologia pessoal" — de que fala Beda Allemann[19] —, são de uso corrente e tendem a privilegiar o concreto em lugar do abstrato: noite, sombra, luz, árvore, olho, palavra, pedra, boca, nome, água. Ao contrário do que uma

---

[19] Beda Allemann, "Paul Celans Sprachgebrauch", em Amy D. Colin (org.), *Argumentum e Silentio: International Paul Celan Symposium*, Berlim, Walter de Gruyter, 1987, pp. 3-15.

primeira impressão possa fazer crer, sua linguagem é predominantemente coloquial — vale lembrar que grande parte de sua obra se constrói num registro muito próximo ao do diálogo. É bem verdade que essa base de coloquialidade é entrecortada por seus não tão raros (e sempre contundentes) neologismos, por suas atomizações, pelo uso eventual de expressões ou termos arcaicos e, em especial, pela elipse. Essas tensões de fato rompem, interrompem a fala em sua dinâmica cotidiana, suspendem a leitura, criando desvios, hiatos e, por sua vez, a dimensão de obscuridade e mistério tão destacadas em certa leitura da obra do poeta. No entanto, tais tensões só representam de fato uma "dificuldade de leitura" se os poemas forem lidos na expectativa de uma visão de poesia diferente da que propõe o próprio poeta. O obscuro, aí, é o que de singular sua obra oferece, para além de um lugar da poesia que já está dado e se constitui como um horizonte de expectativa bem estabelecido. O obscuro, em Celan, é a expressão de uma recusa a inscrever sua obra nesse lugar-comum (de certa tradição poética, de certo uso da língua alemã); e, ao mesmo tempo, é expressão da insistência do poeta num modo particular de fazer poesia. A obra de Celan nos convida justamente a algo que tem lugar na ruptura do automatismo diante de certas expectativas. É nesse sentido que o poema "demanda, portanto, compreensão, demanda um querer entender, um aprender a entender".[20]

A obscuridade do poema, em Celan, redimensiona o poético como domínio das sombras. Já em "Fale você tam-

---

[20] "[...] das Gedicht will verstanden sein, es will gerade, weil es dunkel ist, verstanden sein: *als* Gedicht, als '*Gedichtdunkel*'. Jedes Gedicht erheischt also Verständnis, Verstehenwollen, Verstehenlernen [...]" (Paul Celan, *Mikrolithen sinds, Steinchen. Die Prosa aus dem Nachlass*, edição crítica organizada e comentada por Barbara Wiedemann e Bertrand Badiou, Frankfurt, Suhrkamp, 2005, p. 132, fragmento 242.2, grifos do autor).

bém" ["Sprich auch Du"],[21] poema do livro *De limiar em limiar* [*Von Schwelle zu Schwelle*], publicado em 1955, lemos um verso emblemático do que poderíamos entender como uma defesa da obscuridade:

> Fale –
> Mas não separe o não do sim.
> Dê a tua fala também o sentido:
> dê-lhe a sombra.[22]

A sombra, no entanto, não é a escuridão absoluta, o silêncio sem contornos e que nada carrega, a falta de sentido: na condição de escuridão absoluta, não há sombra que se projete. E também não há sombra que se projete na pretensa condição de luz total, de claridade absoluta. A sombra não se funda numa binariedade da ausência e da presença de luz, do não e do sim. A sombra é justamente o espaço que se instaura entre o claro e o escuro, o espaço em que convivem luz e escuridão. É na sombra que a palavra ganha contorno, densidade, profundidade, sentido. Na sombra, a palavra não se projeta à imagem do silêncio, mas, sim, "à imagem do calar", como no verso do poema "Mecha" ["Strähne"], do mesmo

---

[21] Apesar de economicamente menos confortável para a prática de tradução de poesia, esta tradução opta pelo uso sistemático do "você", com as formas verbais de seu uso corrente no Brasil, mas com os pronomes da segunda pessoa gramatical (teu, tua). A ideia, aqui, é evitar a associação automática da obra de Celan com certo "lugar-comum do poético", lugar que, na variante brasileira do português contemporâneo, o uso da forma pronominal "tu" não evoca necessariamente, mas *pode* evocar. Na perspectiva crítica que instrui este trabalho, esse "lugar-comum" é um dos lugares de que a obra de Celan parece insistir em se afastar.

[22] "Sprich –/ Doch scheide das Nein nicht vom Ja./ Gib deinem Spruch auch den Sinn:/ gib ihm den Schatten" (Paul Celan, *Von Schwelle zu Schwelle. Vorstufen, Textgenese, Endfassung*, edição crítica de Tübingen, Jürgen Wertheimer (org.), Frankfurt, Suhrkamp, 2002, p. 103).

livro.[23] E calar também é um modo de romper o silêncio, se entendido como uma forma de *dizer em silêncio* — como no "silêncio que fala", discutido por Mariana Camilo de Oliveira. E é justamente na medida em que se realiza como *um dizer sem dizer* que o calar tem também a densidade da sombra: é o próprio modo de falar sem "separar o não do sim", sem separar luz e escuridão.

A luz, em Celan, está a serviço dessa "obscuridade constitutiva do poema". Num dos aforismos de *Contraluz* [*Gegenlicht*], publicado postumamente, Celan reforça o sentido da luz como tensão que instaura a escuridão: "Não se engane: não é que esta última lâmpada dê mais luz — é o escuro ao redor dela que em si se tornou mais profundo".[24] E a luz, contraparte do obscuro, é também figuração do outro, a contraparte do eu numa visada dialógica, como lemos no poema "Luscoforme" ["Zwiegestalt"], igualmente do livro *De limiar em limiar*:

> Seja teu olho no quarto uma vela,
> o olhar, um pavio,
> seja eu cego o bastante,
> para incendê-lo.[25]

O olho do outro é a luz que ilumina o eu imerso na escuridão do quarto. E é somente a partir dessa luz, a partir do

---

[23] Trata-se do segundo verso da terceira estrofe: "uma palavra à imagem do calar" ["ein Wort nach dem Bilde des Schweigens"] (Paul Celan, *Von Schwelle zu Schwelle*, cit., p. 21).

[24] "Täusche dich nicht: nicht diese letzte Lampe spendet mehr Licht – das Dunkel rings hat sich in sich selber vertieft" (Paul Celan, *Gesammelte Werke in sieben Bänden*, vol. III, Frankfurt, Suhrkamp, 2000, pp. 31 e 165).

[25] "Lass dein Aug in der Kammer sein eine Kerze,/ den Blick einen Docht,/ lass mich blind genug sein,/ ihn zu entzünden" (*ibidem*, p. 25).

olhar do outro, que o eu se projeta em sua profundidade e densidade; é a partir do outro que o eu ganha contorno, sombra, sentido. É na relação com o outro que o eu se constitui como eu; que o eu funda sua própria condição de existência.

Assim, o dialógico[26] e o obscuro se cruzam, em Celan, dramatizando, no espaço do poema, a condição de existência da poesia como condição de existência do homem. Ao ter lugar no poema, a condição humana é dramatizada como morada das sombras, domínio do obscuro. E nessa obscuridade da existência humana, o outro é o lume que nos dá sentido: não como revelação, mas como tensão que gera o espaço de sombras em que o eu ganha corpo e profundidade. É à luz do outro, *de escuro em escuro*, que se dá a possibilidade da travessia, e também da tradução. É o que parece sintetizar o poema "De escuro em escuro" ["Von Dunkel zu Dunkel"], do livro já referido:

DE ESCURO EM ESCURO

Você abriu os olhos – vejo viver meu escuro.
Vejo-o profundo:
onde é meu e também vive.

Há través? E que nisso desperte?
De quem o lume que me segue os passos,
e que aqui canoeiro?[27]

---

[26] A antologia de Gilda Lopes Encarnação (*Não Sabemos mesmo O Que Importa: cem poemas*, Lisboa, Relógio D'Água, 2014) se propõe justamente na esteira de um adensamento e problematização dessa perspectiva dialógica. A esse propósito, vide também, da mesma autora, ‚*Fremde Nähe'*: *Das dialogische als poetisches und poetologisches Prinzip bei Paul Celan*, Wiesbaden, Königshausen & Neumann, 2007.

[27] "Du schlugst die Augen auf – ich seh mein Dunkel leben./ Ich seh

Um livro de poemas

No Brasil e em Portugal, a recepção de Paul Celan via tradução vem se construindo, desde sua primeira hora, por meio da publicação de poemas esparsos e/ou de pequenas seletas de poemas traduzidos — em geral, em revistas literárias, blogs de poesia ou mesmo no corpo de ensaios, artigos e trabalhos de grau —, bem como por meio da publicação de antologias. A cena de recepção nas línguas francesa e inglesa, além de várias antologias, ainda conta com a tradução de alguns dos livros de poemas do autor, enquanto as línguas espanhola e italiana também dispõem, cada uma delas, de ao menos uma edição da poesia completa de Celan.

No Brasil, são mais raros os projetos de tradução de poesia que têm o livro de poemas como unidade ou mesmo alguma versão do que se possa estabelecer como obra completa de determinado autor. A tradição predominante por aqui, como bem sabemos, é a da publicação de poesia traduzida na forma de antologias, o que representa antes uma característica do que um problema. Além de cumprirem, em geral, o propósito de apresentação tanto de um retrato mais amplo quanto de facetas particulares da obra de determinado autor, antologias ainda podem constituir, como trabalho resultante de um esforço de corte, recorte e (re)montagem da obra, um objeto de grande valor crítico. É muito provável, no entanto, que o padrão predominantemente esparso e recortado de relação com a obra de Celan no Brasil e em Portugal tenha contribuído também para a definição do modo como o poeta circula em língua portuguesa.

Mas se podemos imaginar que uma cena de recepção marcada exclusivamente por antologias tenha algum tipo de

---

ihm auf den Grund:/ auch da ists mein und lebt.// Setzt solches über? Und erwacht dabei?/ Wes Licht folgt auf dem Fuss mir,/ dass sich ein Ferge fand?" (Paul Celan, *Von Schwelle zu Schwelle*, cit., p. 31).

handicap, este não reside necessariamente numa suposta inacessibilidade ao *corpus* integral da obra. Se edições completas favorecem uma circulação mais ampla da obra, é importante lembrar também que nenhuma publicação de obra completa pode garantir a recepção da obra como um todo — afinal, poetas não costumam publicar obras completas, publicam poemas, ciclos de poemas, livros de poemas; e são estes que costumam constituir mais frequentemente o objeto privilegiado de leitura da obra de um poeta.

O que a tradução e publicação de *livros de poemas* (aqui no sentido do livro concebido e organizado pelo próprio autor) ou de obras completas pode favorecer, no entanto, é o exercício de um olhar que se projeta sobre o grau de importância que determinado autor confere à unidade do livro. E se há poetas que organizam seus livros por um princípio mais genérico de reunião de sua produção poética em determinado período — caracterizando desse modo a sua relação com a organização da obra, sem que isso constitua qualquer forma de prejuízo —, há também poetas, como Paul Celan, que fazem da reunião de um *corpus* de textos a criação de um corpo vivo, da organização de um conjunto de poemas, a proposição de um *órganon*, tornando cada livro um pequeno mundo, uma forma de vida.

O projeto de tradução que aqui se apresenta[28] define-se por uma atenção ao livro de poemas como unidade de tra-

---

[28] Esta tradução toma por base os textos estabelecidos por três edições críticas alemãs de *Die Niemandsrose*: a edição comentada dos poemas de Paul Celan, organizada por Barbara Wiedemann (*Die Gedichte. Kommentierte Gesamtausgabe in einem Band*, Frankfurt, Suhrkamp, 2003), a edição crítico-genética organizada por Jürgen Wertheimer (*Die Niemandsrose. Vorstufen, Textgenese, Endfassung*, Frankfurt, Suhrkamp, 1996) e a edição histórico-crítica organizada por Axel Gellhaus (*Die Niemandsrose. Historisch-kritische Ausgabe*, vol. 6.1: *Gedichte*, vol. 6.2: *Apparat*, Frankfurt, Suhrkamp, 2001). Em termos práticos, isso significa que o movimento de construção da leitura que fundamenta, aqui, a tradução de cada po-

dução, marcando, desse ponto de vista, uma diferença para as traduções e edições de Celan que até então se faziam disponíveis em português. E o que a tradução do livro de poemas *A rosa de ninguém* pode proporcionar, além do acesso à integralidade de seus 53 poemas, é justamente essa ocasião privilegiada em que o leitor poderá flagrar um Celan criador de *livros de poemas*. Nesse caso, de um livro formado por quatro ciclos: com poemas que se constroem a partir de um mesmo modo particular de relação com a vida e com a morte, com a história e com a poesia; com poemas que, ao reiterarem incessantemente um pequeno universo de elementos (como o nome, a flor, a boca, a pedra, a noite etc.), partilham das mesmas peças de construção dessa poesia singular; enfim, com poemas de um mesmo mundo particular que o conjunto de poemas de *A rosa de ninguém* constitui e nos dá a conhecer.

Lição de flor

O livro *A rosa de ninguém* [*Die Niemandsrose*], publicado originalmente em 1963, reúne poemas produzidos entre 1959 e 1963. Trata-se de um período bastante intenso da vida do poeta, marcado, sobretudo, pelo desgaste do Caso Goll (a acusação de plágio movida por Claire Goll, viúva do poeta Yvan Goll),[29] pela intensa atividade de tradução de outros poetas — com destaque para suas traduções do poeta russo Óssip Mandelstam (a quem, aliás, Paul Celan dedica o livro)

---

ema se projeta para além do verso em sua versão publicada, considerando, como subsídio, as rasuras, substituições e transformações de suas versões anteriores.

[29] Cf. Márcio Seligmann-Silva, "Sobre a passagem do registro da cordialidade para a hostilidade: o caso Paul Celan-Claire Goll", *Letras*, Santa Maria, n° 32, 2007.

— e pelos embates com a crítica, especialmente a partir de questões levantadas pela recepção de sua obra. Datam dessa mesma época duas de suas principais reflexões sobre poesia: *O meridiano* [*Der Meridian*] e *Diálogo na montanha* [*Gespräch im Gebirge*]. A inscrição desse livro de poemas num *momentum* tão decisivo da biografia do autor, portanto, não somente justifica como também reforça o lugar de destaque que a crítica vem reservando para *A rosa de ninguém* como uma das obras mais importantes de Paul Celan.

Cabe notar que o título do livro já antecipa um procedimento de composição neológica que é bastante típico da escrita do poeta; e esse procedimento de criação, que dá origem aos chamados *Komposita* — palavras compostas a partir de outras palavras —, impõe-se também como um problema interessante da tradução de Celan para o português. Isso porque, enquanto em alemão esse recurso linguístico é extremamente produtivo nos diferentes registros da língua, a produtividade desse recurso em português é comparativamente mais limitada. Talvez em razão disso, as traduções para as línguas neolatinas costumem optar mais sistematicamente por uma tradução parafrástica dessas composições, ou por construções paratáticas (não raro hifenizadas). Na tradução que aqui se apresenta, optei por enfrentar esse problema de vários modos diferentes, valendo-me em muitos casos também de soluções parafrásticas e paratáticas, mas arriscando igualmente outras estratégias de tradução, como a modulação e a transposição dos elementos formadores de cada composto, assim como a própria composição. Nesse último caso, em particular, tomei apenas o cuidado de evitar (sempre que me foi possível) a criação de compostos que implicassem um descompasso muito grande de registro, tornando a composição, por exemplo, demasiadamente erudita num contexto não erudito. Também me vali dos acidentes da língua portuguesa para a criação de compostos mais inusitados, por vezes agramaticais do ponto de vista morfológico, mas favorecidos pela produtividade da coincidência ou proximidade de sua matéria sonora.

Constituindo um bom exemplo do modo como os poemas não apenas se entrelaçam e se autorreferem nessa obra, mas também reforçam uma construção conjunta, essa *Niemandsrose*, que dá nome ao livro de Celan, brota de dentro da própria obra como uma inflorescência de sua poesia. E podemos acompanhar cada passo dessa brotação em flor nos versos do poema "Salmo":

SALMO

Ninguém nos molda outra vez de terra e barro,
ninguém encanta nosso pó.
Ninguém.

Louvado seja você, Ninguém.
Por ti queremos
florescer.
De encontro
a ti.

Um nada
éramos, somos, continuaremos
sendo, florescendo:
a rosa de nada, a
rosa de ninguém.

Com
o estilete almaclaro,
o estame celestiárido,
a corola rubra
do nosso canto que a palavra purpura
sobre, ó por sobre
o espinho.

Entre reverberações do Novo e do Velho Testamento, esses primeiros versos do poema "Salmo", do primeiro dos quatro ciclos de poemas do livro, colocam em cena a própria cena da criação. O objeto dessa criação começa a ganhar corpo a partir de um moldar, desse gesto que amassa, amalgama e modela terra e barro; e uma vez moldado, o corpo então ganha vida quando um sopro o faz viver. Em alemão, lê-se no segundo verso: "niemand *bespricht* unseren Staub". Grifo aqui o *bespricht*, verbo que modaliza a figura bíblica mais paradigmática do sopro, do fôlego de vida, convocando sua nuance como linguagem. Em *bespricht*, o núcleo verbal pulsa um gesto de fala (*sprechen*), um gesto de palavra dita, assoprada, inspirada; e na acepção particular que o verbo *besprechen* assume no verso celaniano, esse gesto ganha força encantatória (*incantare*) e, por essa via, bem nos poderia remeter às diversas reverberações da palavra charme, que é o encanto em suas tantas acepções, mas que, pela via etimológica — como carme —, é também o canto, o poema. Nesses dois primeiros versos, um gesto cria o corpo, um sopro o anima: do pó, faz-se a poesia.

No entanto, nessa cena da criação — que, em vista do "outra vez", poderia ser pensada como uma cena de "recriação", modalizando assim a cena bíblica, rasurando seu caráter tão biblicamente original, inaugural —, o criador não surge como *Deus*, nem como *um* deus, nem como qualquer pessoa ou alguém definido e nominado. O sujeito dessa criação surge na chave muito particular de uma negatividade (*ninguém*, pronome indefinido). De uma negatividade afirmada no primeiro tempo do primeiro verso, reiterada logo no início do segundo verso e não apenas retomada, mas reafirmada na extensão de todo o terceiro verso, como o próprio corpo do verso: como se tal negatividade fosse construindo, aos poucos, outro estatuto no espaço do poema salmodiado.[30]

---

[30] Levando-se em conta o título do poema ("Salmo"), vide, por

E, de fato, no quarto verso, esse ninguém ressurge nominalizado (*Ninguém*, substantivo) e associado a um você; ele nos surpreende, portanto, em uma condição que lhe confere uma forma de positividade, obrigando-nos a redimensionar a condição de negatividade que vinha sendo construída e que agora impõe sua particularização, como se esse ninguém ganhasse a forma especial de um alguém, mas sem necessariamente deixar de evocar sua condição inequívoca de ninguém. Em outras palavras, nesse quarto verso um ninguém (nenhuma pessoa) surge não apenas presentificado como um você (alguma pessoa), mas também personificado como alguém (*um* Ninguém), sem, no entanto, deixar de resistir em sua condição de pessoa alguma (*um Ninguém* alguém, que ainda é ninguém). E assim, esse *Ninguém* redimensionado, convertendo algo de sua negatividade indefinida na positividade de alguma definição, logra marcar uma presença pela ausência. Ou ainda: é na condição definida de uma ausência (que não se presentifica senão ao problematizar sua própria condição de presença) que surge, nesse poema, o sujeito da cena de (re)criação.

Mas esses primeiros versos do poema "Salmo" produzem um redimensionamento da cena da criação também num outro sentido. Isso porque é o objeto da criação (a poesia, o poema) que tem voz nesses versos: são os poemas que cantam "Ninguém nos molda outra vez de terra e barro". E isso se dá na mesma medida em que, ao construir sua condição

---

exemplo, o Salmo 144. O versículo 4, na tradução de João Ferreira de Almeida, versa da seguinte forma: "O homem é semelhante a um *sopro*; os seus dias são como a sombra que passa". Destaco o *sopro*, que a Vulgata traduzia pela *vanitas* latina e que Lutero traduziu por *gleich wie nichts* [como nada], de modo que a tradução alemã representa, na crueza da letra, uma variação mais marcadamente negativa: O homem é *como nada...* Vale lembrar que na terceira estrofe desse poema de Celan é justamente o *nada* que se tematiza, somando-se à figura do *ninguém*.

redimensionada de sujeito criador, o Ninguém (nominalizado) — o poeta? — acaba se explicitando como o objeto cantado por sua própria criação.

Nos versos seguintes, o poema desdobra esse Ninguém até ele se refundir na flor mais conhecida de Celan — a *rosa de ninguém* [*Niemandsrose*], que dá título a este que é um dos livros mais lidos e comentados do poeta. Para além do que essa flor e do que essa flor nesse poema e nesse livro possam representar, por exemplo, como leitura da própria condição judaica, e para além das tantas outras formas de ler um poema como "Salmo",[31] gostaria de me valer da força epigráfica desses versos para pensar este livro de poemas não como um constructo hermético, fechado em si mesmo, mas como uma obra que se abre em flor, que se abre como uma rosa, uma rosa de nada, uma rosa de ninguém; como uma obra que se abre com a *corola rubra do canto que a palavra purpura*. E se, muitas vezes, essa obra só se abre no retinto de suas cores, é porque estas não são as cores apenas de um canto *sobre os* espinhos da vida (como tema), mas, sim, de um canto que se constrói *por* (de) *sobre*:[32] como condição de vida de uma poesia atravessada de espinhos.

Morretes, 10 de março de 2021

---

[31] Cf. Klaus Manger, "Psalm", em Jürgen Lehmann (org.), *Kommentar zu Paul Celans 'Die Niemandsrose'*, Heidelberg, Universitätsverlag Winter, 2003, pp. 112-8; Jean Bollack, "Ein Bekenntnis zur Ungebundenheit. Celans Gedicht *Psalm*", em Hans-Michael Speier (org.), *Gedichte von Paul Celan*, Stuttgart, Reclam, 2002, pp. 83-93, entre outros.

[32] Cf. Juliana Perez, *op. cit.*, p. 91.

Referências

ALLEMANN, Beda. "Paul Celans Sprachgebrauch". In: COLIN, Amy D. (org.). *Argumentum e Silentio: International Paul Celan Symposium*. Berlim: Walter de Gruyter, 1987, pp. 3-15.

ARON, Irene. "Paul Celan: a expressão do indizível". *Pandaemonium Germanicum*, n° 1, 1997, pp. 77-85. Disponível em: <https://www.revistas.usp.br/pg/article/view/62941/65700>.

BOLLACK, Jean. "Ein Bekenntnis zur Ungebundenheit. Celans Gedicht *Psalm*". In: SPEIER, Hans-Michael (org.). *Gedichte von Paul Celan*. Stuttgart: Reclam, 2002, pp. 83-93.

CANTINHO, Maria João. "Paul Celan: no rastro perdido da experiência". In: *Poetícia* — Blog em Língua Portuguesa Especializado em Poesia, 2011 [trata-se de republicação desse texto, provavelmente publicado em 2010]. Disponível em: <http://poeticia.blogspot.com/2011/01/paul-celan-no-rastro-perdido-da.html>.

CARONE, Modesto. *A poética do silêncio: João Cabral de Melo Neto e Paul Celan*. São Paulo: Perspectiva, 1979.

_____. "Paul Celan: a linguagem destruída". *Folha de S. Paulo*, 19/8/1973. Disponível em: <http://almanaque.folha.uol.com.br/carone2.htm>.

CARVALHO, Bernardo. "Contra a literatura". *Folha de S. Paulo*, Caderno Ilustrada, 10/7/1999. Disponível em: <https://www1.folha.uol.com.br/fsp/ilustrad/fq10079922.htm>.

CELAN, Paul. *Arte poética: O meridiano e outros textos*, 2ª ed. (1ª ed. 1996). Lisboa: Cotovia, 2017.

_____. *A poesia hermética de Paul Celan*. Organização, tradução e comentários de Flávio Kothe. Brasília: Editora da UnB, 2016.

_____. *Não Sabemos mesmo O Que Importa: cem poemas*. Tradução e introdução de Gilda Lopes Encarnação. Lisboa: Relógio D'Água, 2014.

_____. *Sete rosas mais tarde*. Seleção, tradução e introdução de João Barrento e Y. K. Centeno, 3ª ed. (1ª ed. 1993, 2ª ed. 1996). Lisboa: Cotovia, 2006.

_____. *Mikrolithen sinds, Steinchen. Die Prosa aus dem Nachlass*. Edição crítica organizada e comentada por Barbara Wiedemann e Bertrand Badiou. Frankfurt: Suhrkamp, 2005.

_____. *Mohn und Gedächtnis. Vorstufen, Textgenese, Endfassung.* Edição crítica de Tübingen, organizada por Jürgen Wertheimer em colaboração com Heino Schmull e Christiane Braun. Frankfurt: Suhrkamp, 2004.

_____. *Die Gedichte. Kommentierte Gesamtausgabe in einem Band.* Edição organizada e comentada por Barbara Wiedemann. Frankfurt: Suhrkamp, 2003.

_____. *Von Schwelle zu Schwelle. Vorstufen, Textgenese, Endfassung.* Edição crítica de Tübingen, organizada por Jürgen Wertheimer, em colaboração com Heino Schmull, Christiane Braun e Markus Heilmanni. Frankfurt: Suhrkamp, 2002.

_____. *Die Niemandsrose. Historisch-kritische Ausgabe.* Vol. 6.1. *Gedichte*, vol. 6.2. *Apparat.* Editada por Axel Gellhaus, em colaboração com Holger Gehle, Andreas Lohr e Rolf Bücher. Frankfurt: Suhrkamp, 2001.

_____. *Gesammelte Werke in sieben Bänden*, volume III. Frankfurt: Suhrkamp, 2000.

_____. *Cristal.* Seleção e tradução de Claudia Cavalcanti. São Paulo: Iluminuras, 1999.

_____. *A morte é uma flor: poemas do espólio.* Tradução, posfácio e notas de João Barrento. Lisboa: Cotovia, 1998.

_____. *Die Niemandsrose. Vorstufen, Textgenese, Endfassung.* Edição crítica de Tübingen, organizada por Jürgen Wertheimer, em colaboração com Heino Schmull e Michael Schwarzkopf. Frankfurt: Suhrkamp, 1996.

_____. *Hermetismo e hermenêutica.* Introdução, tradução, comentários e organização de Flávio Kothe. Rio de Janeiro: Tempo Brasileiro, 1985.

_____. *Poemas.* Tradução e introdução de Flávio Kothe. Rio de Janeiro: Tempo Brasileiro, 1977.

CENTENO, Yvette Kace. "Paul Celan: o sentido e o tempo". In: CELAN, Paul. *Sete rosas mais tarde.* Seleção, tradução e introdução de João Barrento e Y. K. Centeno, 3ª ed. Lisboa: Cotovia, 2006, pp. xv--xxviii.

GELLHAUS, Axel; HERRMANN, Karin (orgs.). *"Qualitativer Wechsel". Textgenese bei Paul Celan.* Würzburg: Köngishausen & Neumann, 2010.

ENCARNAÇÃO, Gilda Lopes. ‚*Fremde Nähe*': *Das dialogische als poetisches und poetologisches Prinzip bei Paul Celan*. Wiesbaden, Königshausen & Neumann, 2007.

LEHMANN, Jürgen (org.). *Kommentar zu Paul Celans 'Die Niemandsrose'*. Heidelberg: Universitätsverlag Winter, 2003.

LINS, Vera. "Paul Celan, na quebra do som e da palavra: poesia como lugar de pensamento". In: *Poesia e crítica: uns e outros*. Rio de Janeiro: 7Letras, 2005, pp. 23-34.

MANGER, Klaus. "Psalm". In: LEHMANN, Jürgen (org.). *Kommentar zu Paul Celans 'Die Niemandsrose'*. Heidelberg: Universitätsverlag Winter, 2003, pp. 112-8.

NESTROVSKI, Arthur; SELIGMANN-SILVA, Márcio (orgs.). *Catástrofe e representação: ensaios*. São Paulo: Escuta, 2000.

OLIVEIRA, Mariana Camilo de. *A dor dorme com as palavras*. Rio de Janeiro: 7Letras, 2011.

PEREZ, Juliana Pasquarelli. *Offene Gedichte: Eine Studie über Paul Celans 'Die Niemandsrose'*. Würzburg: Königshausen & Neumann, 2010.

SELIGMANN-SILVA, Márcio. "Sobe a passagem do registro da cordialidade para a hostilidade: o caso Paul Celan-Claire Goll". *Letras*, Santa Maria, n° 32, 2007, pp. 133-44. Disponível em: <https://periodicos.ufsm.br/letras/article/view/11915/7336>.

A ROSA DE NINGUÉM
Die Niemandsrose

Em memória de Óssip Mandelstam

I

Es war Erde in ihnen, und
sie gruben.

Sie gruben und gruben, so ging
ihr Tag dahin, ihre Nacht. Und sie lobten nicht Gott,
der, so hörten sie, alles dies wollte,
der, so hörten sie, alles dies wußte.

Sie gruben und hörten nichts mehr;
sie wurden nicht weise, erfanden kein Lied,
erdachten sich keinerlei Sprache.
Sie gruben.

Es kam eine Stille, es kam auch ein Sturm,
es kamen die Meere alle.
Ich grabe, du gräbst, und es gräbt auch der Wurm,
und das Singende dort sagt: Sie graben.

O einer, o keiner, o niemand, o du:
Wohin gings, da's nirgendhin ging?
O du gräbst und ich grab, und ich grab mich dir zu,
und am Finger erwacht uns der Ring.

ERA TERRA DENTRO DELES, e
cavavam.

Cavavam e cavavam, assim se passavam
seus dias, suas noites. Não louvavam a Deus,
que, como ouviam, queria isso tudo,
que, como ouviam, sabia isso tudo.

Cavavam e mais nada ouviam;
canção não faziam, nem sábios ficavam,
sequer cogitavam palavra.
Cavavam.

E veio uma calma, a tormenta também,
vieram os mares todos.
Cavo eu, você cava, e o verme rebém,
e o que canta ali diz: eles cavam.

Ó um, ó nem-um, ó ninguém, ó você:
Aonde se ia, se a nenhures se ia?
Ó você cava e eu cavo, e me cavo até você,
e nos desperta no dedo o anelo que lia.

Das Wort vom Zur-Tiefe-Gehn,
das wir gelesen haben.
Die Jahre, die Worte seither.
Wir sind es noch immer.

Weißt du, der Raum ist unendlich,
weißt du, du brauchst nicht zu fliegen,
weißt du, was sich in dein Aug schrieb,
vertieft uns die Tiefe.

Palavra de ir-ao-fundo,
a palavra que lemos.
Os anos, as palavras desde então.
Somos nós, ainda.

Sabe, o espaço é infinito,
sabe, você não precisa voar,
sabe, o que se inscreveu em teu olho,
profunda-nos o fundo.

BEI WEIN UND VERLORENHEIT, bei
beider Neige:

ich ritt durch den Schnee, hörst du,
ich ritt Gott in die Ferne – die Nähe, er sang,
es war
unser letzter Ritt über
die Menschen-Hürden.

Sie duckten sich, wenn
sie uns über sich hörten, sie
schrieben, sie
logen unser Gewieher
um in eine
ihrer bebilderten Sprachen.

No vinho e na desventura, em ambos
até o último gole:

eu cavalgava pela neve, ouça,
eu cavalgava Deus ao longe – perto, ele cantava,
era
nossa última cavalgada sobre
os cúmulos de gente.

Eles se curvavam quando
sobre eles nos ouviam, eles
escreviam, eles
fingiam nosso rincho
em uma de
suas línguas ilustradas.

ZÜRICH, ZUM STORCHEN

Für Nelly Sachs

Vom Zuviel war die Rede, vom
Zuwenig. Von Du
und Aber-Du, von
der Trübung durch Helles, von
Jüdischem, von
deinem Gott.

Da-
von.
Am Tag einer Himmelfahrt, das
Münster stand drüben, es kam
mit einigem Gold übers Wasser.

Von deinem Gott war die Rede, ich sprach
gegen ihn, ich
ließ das Herz, das ich hatte,
hoffen:
auf
sein höchstes, sein umröcheltes, sein
haderndes Wort –

Dein Aug sah mir zu, sah hinweg.
dein Mund
sprach sich dem Aug zu, ich hörte:

Wir
wissen ja nicht, weißt du,
wir
wissen ja nicht,
was
gilt.

ZURIQUE, ZUM STORCHEN

Para Nelly Sachs

Do tanto se falava, do
tão pouco. Do Ti
e do anTi-, do
turvar com o claro, do
judaico, do
teu Deus.

De tudo
isso.
No dia de uma ascensão, a
catedral se erguia ali em frente, vinha
com algum ouro por sobre a água.

Do teu Deus se falava, eu falava
contra ele, eu
deixava o coração, o que eu tinha,
esperar:
por
sua palavra altíssima, que arqueja,
que contende –

Teu olho me via, desvia,
tua boca
volvia ao olho, eu escutava:

Nós
não sabemos, sabe,
nós
não sabemos,
o que é
que conta.

SELBDRITT, SELBVIERT

Krauseminze, Minze, krause,
vor dem Haus hier, vor dem Hause.

Diese Stunde, deine Stunde,
ihr Gespräch mit meinem Munde.

Mit dem Mund, mit seinem Schweigen,
mit den Worten, die sich weigern.

Mit den Weiten, mit den Engen,
mit den nahen Untergängen.

Mit mir einem, mit uns dreien,
halb gebunden, halb im Freien.

Krauseminze, Minze, krause,
vor dem Haus hier, vor dem Hause.

A TRÊS, A QUATRO

Menta-crespa, crespa, menta,
hortelã que aqui pimenta.

Nesta hora, hora tua,
boca minha, fala sua.

Com a boca, seu calar,
com a palavra a se furtar.

Longitudes, adjacências,
iminentes decadências.

Três conosco, um comigo,
meio mundo, meio umbigo.

Menta-crespa, crespa, menta,
hortelã que aqui pimenta.

SOVIEL GESTIRNE, die
man uns hinhält. Ich war,
als ich dich ansah – wann? –,
draußen bei
den andern Welten.

O diese Wege, galaktisch,
o diese Stunde, die uns
die Nächte herüberwog in
die Last unsrer Namen. Es ist,
ich weiß es, nicht wahr,
daß wir lebten, es ging
blind nur ein Atem zwischen
Dort und Nicht-da und Zuweilen,
kometenhaft schwirrte ein Aug
auf Erloschenes zu, in den Schluchten,
da, wo's verglühte, stand
zitzenprächtig die Zeit,
an der schon empor- und hinab-
und hinwegwuchs, was
ist oder war oder sein wird –,

ich weiß,
ich weiß und du weißt, wir wußten,
wir wußten nicht, wir
waren ja da und nicht dort,
und zuweilen, wenn
nur das Nichts zwischen uns stand, fanden
wir ganz zueinander.

TANTAS CONSTELAÇÕES, que
se nos dão. Eu estava,
quando te vi – quando? –,
lá fora
noutros mundos.

Ó esses caminhos, galácticos,
ó essa hora, que nos
pesava as noites no
fardo de nossos nomes. Não é,
sei disso, verdade
que vivíamos, um só
sopro passava cego entre
lá e não-aqui e vez-ou-outra,
um olho zunia cometeórico
rumo a algo extinto, nas bocainas,
lá onde, ardendo em brasa, o tempo
parava em suas pompas de teta,
já brotando e desbrotando
e borbotando o que
é ou era ou há de ser –,

eu sei,
eu sei e você sabe, nós sabíamos,
nós não sabíamos, nós
estávamos aqui e não lá,
e, vez ou outra, quando
entre nós só o nada havia, nós nos
achávamos de todo um ao outro.

DEIN
HINÜBERSEIN heute Nacht.
Mit Worten holt ich dich wieder, da bist du,
alles ist wahr und ein Warten
auf Wahres.

Es klettert die Bohne vor
unserm Fenster: denk
wer neben uns aufwächst und
ihr zusieht.

Gott, das lasen wir, ist
ein Teil und ein zweiter, zerstreuter:
im Tod
all der Gemähten
wächst er sich zu.

Dorthin
führt uns der Blick,
mit dieser
Hälfte
haben wir Umgang.

TEU
ESTARALÉM hoje à noite.
Com palavras fui te buscar, aí está você,
tudo é vero e um velar
pelo verdadeiro.

As favas trepam diante
de nossa janela: pense só
quem cresce ao nosso lado e
as observa.

Deus, era o que líamos, é
uma parte e uma segunda, dispersa:
na morte
ele cresce
para todos os ceifados.

É para lá
que o olhar nos leva,
com essa
metade
sabemos lidar.

ZU BEIDEN HÄNDEN, da
wo die Sterne mir wuchsen, fern
allen Himmeln, nah
allen Himmeln:
Wie
wacht es sich da! Wie
tut sich die Welt uns auf, mitten
durch uns!

Du bist,
wo dein Aug ist, du bist
oben, bist
unten, ich
finde hinaus.

O diese wandernde leere
gastliche Mitte. Getrennt,
fall ich dir zu, fällst
du mir zu, einander
entfallen, sehn wir
hindurch:

Das
Selbe
hat uns
verloren, das
Selbe
hat uns
vergessen, das
Selbe
hat uns – –

ENTRE AMBAS AS MÃOS, aqui
onde as estrelas me cresciam, longe
de todos os céus, perto
de todos os céus:
Como
aqui se vela! Como
se nos abre o mundo, bem no
meio de nós!

Você está,
onde teu olho está, você está
em cima, está
embaixo, eu
encontro saída.

Ó este centro errante vazio
hospitaleiro. Separados,
eu caibo a ti, você me
cabe, descabidos
um do outro, nosso olhar
travessa:

O
mesmo
nos há
de ter perdido, o
mesmo
nos há
de ter esquecido, o
mesmo
nos há – –

ZWÖLF JAHRE

Die wahr-
gebliebene, wahr-
gewordene Zeile: ... *dein
Haus in Paris – zur
Opferstatt deiner Hände.*

Dreimal durchatmet,
dreimal durchglänzt.

. . . .

Es wird stumm, es wird taub
hinter den Augen.
Ich sehe das Gift blühn.
In jederlei Wort und Gestalt.

Geh. Komm.
Die Liebe löscht ihren Namen: sie
schreibt sich dir zu.

DOZE ANOS

O verso
deveras vero, de-
vindo vero: ... *tua
casa em Paris – altar
sacrificial de tuas mãos.*

Três vezes respirado,
Três vezes resplendido.

. . . .

Fica mudo, fica surdo
atrás dos olhos.
Vejo o veneno florir.
Em qualquer palavra e forma.

Vá. Venha.
O amor apaga seu nome: ele
se consigna a ti.

MIT ALLEN GEDANKEN ging ich
hinaus aus der Welt: da warst du,
du meine Leise, du meine Offne, und –
du empfingst uns.

Wer
sagt, daß uns alles erstarb,
da uns das Auge brach?
Alles erwachte, alles hob an.

Groß kam eine Sonne geschwommen, hell
standen ihr Seele und Seele entgegen, klar,
gebieterisch schwiegen sie ihr
ihre Bahn vor.

Leicht
tat sich dein Schoß auf, still
stieg ein Hauch in den Äther,
und was sich wölkte, wars nicht,
wars nicht Gestalt und von uns her,
wars nicht
so gut wie ein Name?

COM TODAS AS IDEIAS eu saí
do mundo: lá estava você, você
minha serena, você minha sempiaberta, e –
você nos acolheu.

Quem
disse que tudo morria para nós,
assim que o olho falecia?
Tudo despertava, tudo principiava.

Imenso vinha vindo um sol, claras
alma e alma o confrontaram, cristalinas,
imperiosas prescreveram-lhe o calar
de sua órbita.

Grácil
abriu-se teu colo, em silêncio
ergueu-se um hausto rumo ao Éter,
e o que se anuviou não era,
não era forma e, de nossa parte,
não era
algo assim como um nome?

DIE SCHLEUSE

Über aller dieser deiner
Trauer: kein
zweiter Himmel.

. . . .

An einen Mund,
dem es ein Tausendwort war,
verlor –
verlor ich ein Wort,
das mir verblieben war:
Schwester.

An
die Vielgötterei
verlor ich ein Wort, das mich suchte:
Kaddisch.

Durch
die Schleuse mußt ich,
das Wort in die Salzflut zurück-
und hinaus- und hinüberzuretten:
Jiskor.

A ECLUSA

Sobre todo este teu
luto: nenhum
segundo céu.

. . . .

Para uma boca,
que não valia a maispalavra,
perdi –
perdi uma palavra
que me havia sobrado:
irmã.

Para os
quantos deuses
perdi uma palavra que me buscava:
kadish.

Pela
eclusa eu tive de passar,
para repor e expor e trans-
por a palavra na maré salgada:
yizkor.

STUMME HERBSTGERÜCHE. Die
Sternblume, ungeknickt, ging
zwischen Heimat und Abgrund durch
dein Gedächtnis.

Eine fremde Verlorenheit war
gestalthaft zugegen, du hättest
beinah
gelebt.

Perfumes mudos de outono. A
flor do áster, sem se dobrar, travessou
tuas lembranças entre
lar e abismo.

Um desamparo estranho se fez
presente, você chegou
quase
a viver.

EIS, EDEN

Es ist ein Land Verloren,
da wächst ein Mond im Ried,
und das mit uns erfroren,
es glüht umher und sieht.

Es sieht, denn es hat Augen,
die helle Erden sind.
Die Nacht, die Nacht, die Laugen.
Es sieht, das Augenkind.

Es sieht, es sieht, wir sehen,
ich sehe dich, du siehst.
Das Eis wird auferstehen,
eh sich die Stunde schließt.

GELO, ÉDEN

Nessas Terras do Perdido,
cresce a lua na junqueira,
e algo ali do frio sentido
vê e queima a sua ribeira.

Algo vê, pois tem os olhos,
que são terras cristalinas.
A noite, a noite, os remolhos.
Vê, dos olhos a menina.

Vê e vê e vemos também,
eu te vejo, você vê.
Ressuscita o gelo além,
antes que a hora se dê.

PSALM

Niemand knetet uns wieder aus Erde und Lehm,
niemand bespricht unseren Staub.
Niemand.

Gelobt seist du, Niemand.
Dir zulieb wollen
wir blühn.
Dir
entgegen.

Ein Nichts
waren wir, sind wir, werden
wir bleiben, blühend:
die Nichts-, die
Niemandsrose.

Mit
dem Griffel seelenhell,
dem Staubfaden himmelswüst,
der Krone rot
vom Purpurwort, das wir sangen
über, o über
dem Dorn.

SALMO

Ninguém nos molda outra vez de terra e barro,
ninguém encanta nosso pó.
Ninguém.

Louvado seja você, Ninguém.
Por ti queremos
florescer.
De encontro
a ti.

Um nada
éramos, somos, continuaremos
sendo, florescendo:
a rosa de nada, a
rosa de ninguém.

Com
o estilete almaclaro,
o estame celestiárido,
a corola rubra
do nosso canto que a palavra purpura
sobre, ó por sobre
o espinho.

TÜBINGEN, JÄNNER

Zur Blindheit über-
redete Augen.
Ihre – „ein
Rätsel ist Rein-
entsprungenes" –, ihre
Erinnerung an
schwimmende Hölderlintürme, möven-
umschwirrt.

Besuche ertrunkener Schreiner bei
diesen
tauchenden Worten:

Käme,
käme ein Mensch,
käme ein Mensch zur Welt, heute, mit
dem Lichtbart der
Patriarchen: er dürfte,
spräch er von dieser
Zeit, er
dürfte
nur lallen und lallen,
immer-, immer-
zuzu.

(„Pallaksch. Pallaksch.")

TÜBINGEN, JANEIRO

Olhos con-
vencidos à cegueira.
Sua – "um
enigma é o que pro-
vém de si" –, sua
lembrança de
naufragadas torres de Hölderlin, gai-
volteadas de chilros.

Visitas de marceneiros afogados
nessas
palavras soçobrantes:

Viesse,
viesse um homem,
viesse um homem ao mundo, hoje, com
a barbacesa dos
patriarcas: falasse,
falasse ele deste
tempo, e ele
só faria
balbuciar e balbuciar,
sempersempre
adiadiante.

(*"Pallaksch. Pallaksch."*)

CHYMISCH

Schweigen, wie Gold gekocht, in
verkohlten
Händen.

Große, graue,
wie alles Verlorene nahe
Schwestergestalt:

Alle die Namen, alle die mit-
verbrannten
Namen. Soviel
zu segnende Asche. Soviel
gewonnenes Land
über
den leichten, so leichten
Seelen-
ringen.

Große. Graue. Schlacken-
lose.

Du, damals.
Du mit der fahlen,
aufgebissenen Knospe.
Du in der Weinflut.

(Nicht wahr, auch uns
entließ diese Uhr?
Gut,
gut, wie dein Wort hier vorbeistarb.)

ALQUÍMICO

Um calar, cozido como ouro, em
mãos
carbonizadas.

Grandes, gris,
forma irmã,
próxima como tudo perdido:

Todos os nomes, todos os nomes con-
sumidos
pelo fogo. Tanta
cinza por abençoar. Tanta
terra ganha
à custa
dos leves, tão leves
anéis
de almas.

Grandes. Gris. Sem
hulha.

Você, naquele tempo.
Você com aquele botão
lívido, mordido.
Você na maré de vinho.

(Não é verdade que também a nós
esse relógio abandonou?
Bom, que bom
que tua palavra morreu aqui de passagem.)

Schweigen, wie Gold gekocht, in
verkohlten, verkohlten
Händen.
Finger, rauchdünn. Wie Kronen, Luftkronen
um – –

Große. Graue. Fährte-
lose.
König-
liche.

Um calar, cozido como ouro, em
mãos
carbonizadas, carbonizadas.
Dedos finos de fumaça. Coroas, coroas de ar
ao redor --

Grandes. Gris. Sem
rastro.
Re-
ais.

EINE GAUNER- UND GANOVENWEISE
GESUNGEN ZU PARIS EMPRÈS PONTOISE
VON PAUL CELAN
AUS CZERNOWITZ BEI SADAGORA

Manchmal nur, in dunklen Zeiten,
Heinrich Heine, „An Edom"

Damals, als es noch Galgen gab,
da, nicht wahr, gab es
ein Oben.

Wo bleibt mein Bart, Wind, wo
mein Judenfleck, wo
mein Bart, den du raufst?

Krumm war der Weg, den ich ging,
krumm war er, ja,
denn, ja,
er war gerade.

Heia.

Krumm, so wird meine Nase.
Nase.

Und wir zogen auch nach *Friaul*.
Da hätten wir, da hätten wir.
Denn es blühte der Mandelbaum.
Mandelbaum, Bandelmaum.

Mandeltraum, Trandelmaum.
Und auch der Machandelbaum.
Chandelbaum.

BALADA MALAS-ARTE E TRIQUETRAZ CANTADA EM PARIS, *EMPRÈS* PONTHOISE POR PAUL CELAN DE TCHERNIVTSI, PERTO DE SADHORA

> *Só às vezes, em tempos sombrios,*
> Heinrich Heine, "A Edom"

Nos tempos em que havia cadafalsos,
havia, não é mesmo, havia
um lá-em-cima.

Cadê minha barba, vento, cadê
minha marca de judeu, cadê
minha barba, que você arranca?

Torto era o caminho que eu trilhava,
era torto, sim,
pois, sim,
era direito.

Eia.

Torto assim vai ficar o meu nariz.
Nariz.

E então *fomos embora pro Friul.*
Lá nós seríamos, lá nós teríamos.
Pois florescia a amendoeira.
Amendobaum, a mandeleira.

Oniroeira, daroeira.
E também o junipeiro.
Menoreiro.

Heia.
Aum.

Envoi

Aber,
aber er bäumt sich, der Baum. Er,
auch er
steht gegen
die Pest.

Eia.
Ai.

Envoi

Mas,
mas a árvore, ela arvora. Ela,
também ela
levanta-se contra
a peste.

II

FLIMMERBAUM

Ein Wort,
an das ich dich gerne verlor:
das Wort
Nimmer.

Es war,
und bisweilen wußtest auch du's,
es war
eine Freiheit.
Wir schwammen.

Weißt du noch, daß ich sang?
Mit dem Flimmerbaum sang ich, dem Steuer.
Wir schwammen.

Weißt du noch, daß du schwammst?
Offen lagst du vor mir,
lagst du mir, lagst
du mir vor
meiner vor-
springenden Seele.
Ich schwamm für uns beide. Ich schwamm nicht.
Der Flimmerbaum schwamm.

Schwamm er? Es war
ja ein Tümpel rings. Es war der unendliche Teich.
Schwarz und unendlich, so hing,
so hing er weltabwärts.

Weißt du noch, daß ich sang?

PÉ-DE-RÚTILO

Uma palavra,
pela qual eu teria te perdido:
a palavra
Jamais.

Havia,
volta e meia também você o sabia,
havia
uma liberdade.
Nadávamos.

Você ainda lembra que eu cantava?
Cantava com o pé-de-rútilo, com o leme.
Nadávamos.

Você ainda lembra que você nadava?
Você deitava diante de mim, aberta
você deitava para mim, deitava
para mim di-
ante do dis-
tendido de minha alma.
Eu nadava por nós dois. Eu não nadava.
O pé-de-rútilo nadava.

Será que nadava? Havia
um brejo ao redor. Era o laguinho infinito.
Escuro e infinito, pendido,
pendido mundo abaixo.

Você ainda lembra que eu cantava?

Diese –
o diese Drift.

Nimmer. Weltabwärts. Ich sang nicht. Offen
lagst du mir vor
der fahrenden Seele.

Este –
ó este estar à deriva.

Jamais. Mundo abaixo. Eu não cantava. Aberta
você deitava para mim diante
da alma peregrina.

ERRATISCH

Die Abende graben sich dir
unters Aug. Mit der Lippe auf-
gesammelten Silben – schönes,
lautloses Rund –
helfen dem Kriechstern
in ihre Mitte. Der Stein,
schläfennah einst, tut sich hier auf:

bei allen
versprengten
Sonnen, Seele,
warst du, im Äther.

ERRÁTICO

Os fins de tarde se cavam
sob teu olho. Sílabas re-
colhidas pelos lábios – bela,
silenciosa redondez –
guiam a estrela rasteante até
seu centro. A pedra, outrora
tão próxima à têmpora, aqui se abre:

em cada um dos
sóis explodidos,
alma,
estava você, no Éter.

Einiges Hand-
ähnliche, finster,
kam mit den Gräsern:

Rasch – Verzweiflungen, ihr
Töpfer! –, rasch
gab die Stunde den Lehm her, rasch
war die Träne gewonnen –:

noch einmal, mit bläulicher Rispe,
umstand es uns, dieses
Heute.

Algo de tal-qual-
mão, algo de tenebroso,
veio junto com o mato:

Depressa – desesperos, seus
oleiros! –, depressa
a hora ofereceu o barro, depressa
a lágrima estava ganha –:

mais uma vez, com cacho azulado,
acercou-nos, este
hoje.

... RAUSCHT DER BRUNNEN

Ihr gebet-, ihr lästerungs-, ihr
gebetscharfen Messer
meines
Schweigens.

Ihr meine mit mir ver-
krüppelnden Worte, ihr
meine geraden.

Und du:
du, du, du
mein täglich wahr- und wahrer-
geschundenes Später
der Rosen –:

Wieviel, o wieviel
Welt. Wieviel
Wege.

Krücke du, Schwinge. Wir --

Wir werden das Kinderlied singen, das,
hörst du, das
mit den Men, mit den Schen, mit den Menschen, ja das
mit dem Gestrüpp und mit
dem Augenpaar, das dort bereitlag als
Träne-und-
Träne.

... RUMOREJA A FONTE

Vocês reza, vocês praga, vocês
reza toda lâmina
do meu
calar.

Vocês minhas palavras co-
migo deformadas, vocês
minhas retas.

E você:
você, você, você
meu todo dia vero e mais-que-
veramente maltratado Mais-tarde
de Rosas –:

Quanto, ó quanto
de mundo. Quanto
de caminho.

Você muleta, asa. Nós — —

Cantaremos a cantiga, aquela,
ouça, aquela
com os ho, com os mens, com os homens, sim aquela
com o matagal e com
o par de olhos, que já lá jazia como
lágrima-e-
lágrima.

Es ist nicht mehr
diese
zuweilen mit dir
in die Stunde gesenkte
Schwere. Es ist
eine andere.

Es ist das Gewicht, das die Leere zurückhält,
die mit-
ginge mit dir.
Es hat, wie du, keinen Namen. Vielleicht
seid ihr dasselbe. Vielleicht
nennst auch du mich einst
so.

Não é mais
este
o pesar que por vezes
afundou contigo
na hora. É
um outro.

É o peso que detém o vazio
que ir-
ia junto contigo.
Este, como você, não tem nome. Talvez
vocês sejam o mesmo. Talvez
um dia também você me chame
assim.

RADIX, MATRIX

Wie man zum Stein spricht, wie
du,
mir vom Abgrund her, von
einer Heimat her Ver
schwisterte, Zu-
geschleuderte, du,
du mir vorzeiten,
du mir im Nichts einer Nacht,
du in der Aber-Nacht Be-
gegnete, du
Aber-Du –:

Damals, da ich nicht da war,
damals, da du
den Acker abschrittest, allein:

Wer,
wer wars, jenes
Geschlecht, jenes gemordete, jenes
schwarz in den Himmel stehende:
Rute und Hode –?

(Wurzel.
Wurzel Abrahams. Wurzel Jesse. Niemandes
Wurzel – o
unser.)

Ja,
wie man zum Stein spricht, wie
du
mit meinen Händen dorthin

RADIX, MATRIX

Assim como se fala com a pedra, como
você
comigo do abismo, de
uma terra natal irma-
Nada, ar-
Remessada, você,
você para mim há eras,
você para mim no nada de uma noite,
você na antenoite en-
Contrada, você
An-Ti –:

Naquele tempo em que eu não estava aqui,
naquele tempo em que você
media passo a passo a seara, sozinha:

Quem,
quem foi aquele
gênero de gente, o assassinado, aquele
negrume parado no céu:
vara e testículo –?

(Raiz.
Raiz de Abraão. Raiz de Jessé. Raiz
de Ninguém – ó
nossa.)

Sim,
assim como se fala com a pedra, como
você
com minhas mãos agarra

und ins Nichts greifst, so
ist, was hier ist:

auch dieser
Fruchtboden klafft,
dieses
Hinab
ist die eine der wild-
blühenden Kronen.

acolá e o nada, assim
é o que aqui é:

também este
chão fértil se abre,
este
abaixo
é uma das corolas que en-
florescem selvagens.

SCHWARZERDE, schwarze
Erde du, Stunden-
mutter
Verzweiflung:

Ein aus der Hand und ihrer
Wunde dir Zu-
geborenes schließt
deine Kelche.

TERRANEGRA, negra
terra você, desespero
mãe
das horas:

Algo que nasceu em ti
da mão e de suas
feridas fecha
teus cálices.

EINEM, DER VOR DER TÜR STAND, eines
Abends:
ihm
tat ich mein Wort auf –: zum
Kielkropf sah ich ihn trotten, zum
halb-
schürigen, dem
im kotigen Stiefel des Kriegsknechts
geborenen Bruder, dem
mit dem blutigen
Gottes-
gemächt, dem
schilpenden Menschlein.

Rabbi, knirschte ich, Rabbi
Löw:

Diesem
beschneide das Wort,
diesem
schreib das lebendige
Nichts ins Gemüt,
diesem
spreize die zwei
Krüppelfinger zum heil-
bringenden Spruch.
Diesem.

. . . .

PARA ALGUÉM DIANTE DA PORTA, certa
noite:
para ele
abri minha palavra –: até
o desbenzido eu o vi trambecar, até
o mal-
tosquiado, o irmão
nascido nas botas enlameadas
do lansquenê, aquele
com o membro
de Deus
ensanguentado, aquele
homúnculo pipitante.

Rabi, resmunguei, Rabi
Löw:

Para este um
circuncide a palavra,
para este um
escreva o vivo
do nada na alma,
para este um
afaste bem
os dois dedos aleijões na ben-
dição.
Para este um.

. . . .

Wirf auch die Abendtür zu, Rabbi.

. . . .

Reiß die Morgentür auf, Ra- –

Feche também a porta da noite, Rabi.

. . . .

Abra a porta da manhã, Ra- –

MANDORLA

In der Mandel – was steht in der Mandel?
Das Nichts.
Es steht das Nichts in der Mandel.
Da steht es und steht.

Im Nichts – wer steht da? Der König.
Da steht der König, der König.
Da steht er und steht.

    Judenlocke, wirst nicht grau.

Und dein Aug – wohin steht dein Auge?
Dein Aug steht der Mandel entgegen.
Dein Aug, dem Nichts stehts entgegen.
Es steht zum König.
So steht es und steht.

    Menschenlocke, wirst nicht grau.
    Leere Mandel, königsblau.

MANDORLA

Na amêndoa – o que está na amêndoa?
O nada.
O nada está na amêndoa.
Aí é que está e está.

No nada – quem está no nada? O rei.
Aí é que está o rei, o rei.
Aí é que está e está.

    Madeixa judia, não vai grisalhar.

E teu olho – para onde está teu olho?
Teu olho está diante da amêndoa.
Teu olho, é diante do nada que está.
Está para o rei.
Assim é que está e está.

    Madeixa de gente, não vai grisalhar.
    Amêndoa vazia, azul royal.

AN NIEMAND GESCHMIEGT mit der Wange –
an dich, Leben.
An dich, mit dem Handstumpf
gefundnes.

Ihr Finger.
Fern, unterwegs,
an den Kreuzungen, manchmal,
die Rast
bei freigelassenen Gliedern,
auf
dem Staubkissen Einst.

Verholzter Herzvorrat: der
schwelende
Liebes- und Lichtknecht.

Ein Flämmchen halber
Lüge noch in
dieser, in jener
übernächtigen Pore,
die ihr berührt.

Schlüsselgeräusche oben,
im Atem-
Baum über euch:
das letzte
Wort, das euch ansah,
soll jetzt bei sich sein und bleiben.

. . . .

Com o rosto colado em ninguém –
em ti, vida.
Em ti, com o que o cotoco da mão
encontrou.

Vocês dedos.
Distantes, a caminho,
nas encruzilhadas, às vezes,
o descanso
dos membros relaxados,
sobre
o travesseiro dos pés Outrora.

Víveres lenhados do coração: o
inflamado servo
do amor e o da luz.

Uma chama pequenina de mei-
as mentiras ainda
neste, naquele os
poros tresnoitados
que vocês tocam.

Barulhos de chave lá em cima,
no ar-
vorado sobre vocês:
a última
palavra que olhou para vocês,
agora há de restar e ficar só.

. . . .

An dich geschmiegt, mit
dem Handstumpf gefundenes
Leben.

Colado em ti, com
a vida
que o cotoco da mão encontrou.

ZWEIHÄUSIG, EWIGER, bist du, un
bewohnbar. Darum
baun wir und bauen. Darum
steht sie, diese
erbärmliche Bettstatt, – im Regen,
da steht sie.

Komm, Geliebte.
Daß wir hier liegen, das
ist die Zwischenwand –: Er
hat dann genug an sich selber, zweimal.

Laß ihn, er
habe sich ganz, als das Halbe
und abermals Halbe. Wir,
wir sind das Regenbett, er
komme und lege uns trocken.

. . . .

Er kommt nicht, er legt uns nicht trocken.

Dioico, eterno, é você, in-
abitável. Por isso
construímos e construímos. Por isso
ela está, esta
cama miserável, – na chuva,
é aí que ela está.

Venha, meu amor.
Que nos deitemos aqui, esta
é a parede divisória –: Ele assim
terá o bastante de si mesmo, duas vezes.

Deixe-o, que ele
se tenha por inteiro, como a metade
e outra vez a metade. Nós,
nós somos a cama de chuva, que
ele venha e nos ponha para secar.

. . . .

Ele não vem, não nos põe para secar.

SIBIRISCH

Bogengebete – du
sprachst sie nicht mit, es waren,
du denkst es, die deinen.

Der Rabenschwan hing
vorm frühen Gestirn:
mit zerfressenem Lidspalt
stand sein Gesicht – auch unter diesem
Schatten.

Kleine, im Eiswind
liegengebliebene
Schelle
mit deinem
weißen Kiesel im Mund:

Auch mir
steht der tausendjahrfarbene
Stein in der Kehle, der Herzstein,
auch ich
setze Grünspan an
an der Lippe.

Über die Schuttflur hier,
durch das Seggenmeer heute
führt sie, unsre
Bronze-Straße.
Da lieg ich und rede zu dir
mit abgehäutetem
Finger.

SIBERIANO

Arco de rezas – você
não as disse junto, eram,
pensa você, eram as tuas.

O corvo-cisne pendia
da primeira constelação:
seu rosto surgia no devorado
das pálpebras – mesmo
sob essa sombra.

Pequeno guizo
largado no vento
gelado
com teus
seixos brancos na boca:

Também tenho
na garganta a pedra cor
de anos mil, a cordipedra,
também eu
formo o azinhavre
no lábio.

Aqui pelo corredor de escombros,
hoje cruzando o mar de juncos
ela guia, nossa
rota do bronze.
É aí que jazo e falo contigo
com dedo
esfolado.

BENEDICTA

Zu ken men arojfgejn in himel arajn
Un fregn baj got zu's darf asoj sajn?

Jiidisches Lied

Ge-
trunken hast du,
was von den Vätern mir kam
und von jenseits der Väter:
-- Pneuma.

Ge-
segnet seist du, von weit her, von
jenseits meiner
erloschenen Finger.

Gesegnet: Du, die ihn grüßte,
den Teneberleuchter.

Du, die du's hörest, da ich die Augen schloß, wie
die Stimme nicht weitersang nach:
‚s mus asoj sajn.

Du, die du's sprachst in den augen-
losen, den Auen:
dasselbe, das andere
Wort:
Gebenedeit.

Ge-
trunken.
Ge-
segnet.
Ge-
bentscht.

BENEDICTA

> *Será que não podemos ir aos céus*
> *E perguntar se pode ser assim a Deus?*
>
> Canção iídiche

Be-
bida você bebeu,
a que a mim chegou dos patriarcas
e de além dos patriarcas:
— pneuma.

Ben-
dita seja você, de tão longe, de
além dos meus
dedos extintos.

Bendita: você, que o saudou,
o candelabro das tênebras.

Você que ouviu, quando fechei os olhos, como
a voz não cantava mais depois de:
tem de ser assim.

Você que falou nos sem
olhos, nos vales:
a mesma, a outra
palavra:
Rebenedita.

Be-
bida.
Ben-
dita.
Ben-
zida.

À LA POINTE ACÉRÉE

Es liegen die Erze bloß, die Kristalle,
die Drusen.
Ungeschriebenes, zu
Sprache verhärtet, legt
einen Himmel frei.

(Nach oben verworfen, zutage,
überquer, so
liegen auch wir.

Tür du davor einst, Tafel
mit dem getöteten
Kreidestern drauf:
ihn
hat nun ein – lesendes? – Aug.)

Wege dorthin.
Waldstunde an
der blubberndern Radspur entlang.
Auf-
gelesene
kleine, klaffende
Buchecker: schwärzliches
Offen, von
Fingergedanken befragt
nach --
wonach?

Nach
dem Unwiederholbaren, nach
ihm, nach
allem.

À LA POINTE ACÉRÉE

Os minérios estão a nu, os cristais,
as drusas.
Algo não escrito, en-
durecido em linguagem, faz
brotar um céu.

(Dragados à tona, à luz,
de través, assim
também jazemos nós.

Porta você defronte outrora, lousa
com a estrela de giz
assassinada por cima:
um
olho – que lê? – agora a tem.)

Caminhos até lá.
Horas de floresta ao
longo da trilha gorgolejante.
A pequena noz
co-
lhida,
fendida da faia: abertura
negrecida, inquerida
por ideias cheias de dedo
quanto à --
quanto ao quê?

Quanto
ao irrepetível, quanto
a isso, quanto a
tudo.

Blubbernde Wege dorthin.

Etwas, das gehn kann, grußlos
wie Herzegewordenes,
kommt.

Caminhos gorgolejantes até lá.

Algo que sabe andar, dessaudado
como o que de-cor, algo
vem.

III

Die hellen
Steine gehn durch die Luft, die hell-
weißen, die Licht-
bringer.

Sie wollen
nicht niedergehen, nicht stürzen,
nicht treffen. Sie gehen
auf,
wie die geringen
Heckenrosen, so tun sie sich auf,
sie schweben
dir zu, du meine Leise,
du meine Wahre –:

ich seh dich, du pflückst sie mit meinen
neuen, meinen
Jedermannshänden, du tust sie
ins Abermals-Helle, das niemand
zu weinen braucht noch zu nennen.

As pedras
claras varam o ar, clara-
mente alvas, ar-
autas da luz.

Querem
não cair, não sucumbir,
não acertar. Se
lançam
como mínimas
rosas-caninas, e assim rebentam,
adejam
em tua direção, você minha serena,
você minha vera –:

eu te vejo, você as colhe com minhas
mãos, minhas novas
mãos-de-todo-mundo, você as põe
no revém do claro, que ninguém
precisa nem chorar nem nomear.

ANABASIS

Dieses
schmal zwischen Mauern geschriebne
unwegsam-wahre
Hinauf und Zurück
in die herzhelle Zukunft.

Dort.

Silben-
mole, meer-
farben, weit
ins Unbefahrne hinaus.

Dann:
Bojen-,
Kummerbojen-Spalier
mit den
sekundenschön hüpfenden
Atemreflexen –: Leucht-
glockentöne (dum-,
dun-, un-,
*unde suspirat
cor*),
aus-
gelöst, ein-
gelöst, unser.

Sichtbares, Hörbares, das
frei-
werdende Zeltwort:

Mitsammen.

ANÁBASE

Este
acima e de volta
inviavelmente-vero,
escrito estreito entre muros
rumo ao futuro cordiclaro.

Lá.

Molhe de
sílabas, cores de
mar, pralém
do nunca-dantes.

E então:
boias,
espaldar de boias de aflição
com seus suspiros res-
saltitantes belos
por um instante –: tons de
sinos luminosos (dumque,
dum, um,
unde suspirat
cor),
des-
atados, resg-
atados, nossos.

Algo visível, algo audível, a
liber-
anda palavra-tenda:

Juntos.

EIN WURFHOLZ, auf Atemwegen,
so wanderts, das Flügel-
mächtige, das
Wahre. Auf
Sternen-
bahnen, von Welten-
splittern geküßt, von Zeit-
körnern genarbt, von Zeitstaub, mit-
verwaisend mit euch,
Lapilli, ver-
zwergt, verwinzigt, ver-
nichtet,
verbracht und verworfen,
sich selber der Reim, –
so kommt es
geflogen, so kommts
wieder und heim,
einen Herzschlag, ein Tausendjahr lang
innezuhalten als
einziger Zeiger im Rund,
das eine Seele,
das seine
Seele
beschrieb,
das eine
Seele
beziffert.

UM BUMERANGUE, por vias aéreas,
assim vagueia o errante, o de asas
dotado, o
vero. Em
órbitas
estelares, beijado por estilhaços
de mundos, cicatrizado por grãos
do tempo, pelo pó dos tempos, co-
orfanado com vocês,
lapíli, a-
nanicado, anulado, a-
niquilado,
arrasado e abandonado,
rima de si mesmo, –
assim ele vem
voando, assim ele vem
de novo e de volta,
para parar por um
pulsar do coração, por anos mil
como ponteiro único na volta
que uma alma,
que a alma
dele
descreveu,
que uma
alma
cifra.

HAWDALAH

An dem einen, dem
einzigen
Faden, an ihm
spinnst du – von ihm
Umsponnener, ins
Freie, dahin,
ins Gebundne.

Groß
stehn die Spindeln
ins Unland, die Bäume: es ist,
von unten her, ein
Licht geknüpft in die Luft-
matte, auf der du den Tisch deckst, den leeren
Stühlen und ihrem
Sabbatglanz zu – –

zu Ehren.

HAVDALÁ

O um, o
único
fio, fio
que você fia – por ele
enleado, você fia
o que liberta, fia
a liança.

Grandes
erguem-se os fusos
na terra inculta, as árvores: há,
vinda de baixo, uma
luz que trama na esteira de
ar em que você põe a mesa, para
cadeiras vazias e seu
brilho de sabá – –

em homenagem.

LE MENHIR

Wachsendes
Steingrau.

Graugestalt, augen-
loser du, Steinblick, mit dem uns
die Erde hervortrat, menschlich,
auf Dunkel-, auf Weißheidewegen,
abends, vor
dir, Himmelsschlucht.

Verkebstes, hierhergekarrt, sank
über den Herzrücken weg. Meer-
mühle mahlte.

Hellflüglig hingst du, früh,
zwischen Ginster und Stein,
kleine Phaläne.

Schwarz, phylakterien-
farben, so wart ihr,
ihr mit-
betenden Schoten.

O MENIR

Crescente gris
de pedra.

Grisado, sem
olhos você, de pedra o olhar com que
a Terra nos surgiu, humana,
por caminhoscuros, de azaleias brancas,
ao cair da tarde, diante de
ti, bocaina de céu.

Algo de relíquo, acarretado, a-
fundava costalém do coração. Re-
moinho de maré.

Clarialado você pendia, cedo,
entre gesta e pedra,
pequenas falenas.

Negras, das cores do
filactério, assim eram vocês,
vagens
duma só reza.

NACHMITTAG MIT ZIRKUS UND ZITADELLE

In Brest, vor den Flammenringen,
im Zelt, wo der Tiger sprang,
da hört ich dich, Endlichkeit, singen,
da sah ich dich, Mandelstamm.

Der Himmel hing über der Reede,
die Möve hing über dem Kran.
Das Endliche sang, das Stete, –
du, Kanonenboot, heißt „Baobab".

Ich grüße die Trikolore
mit einem russischen Wort –
Verloren war Unverloren,
das Herz ein befestigter Ort.

TARDE COM CIRCO E CIDADELA

Brest ardia em anéis de crepitude,
na tenda, o tempo-tigre saltitante,
foi lá que te ouvi cantar, finitude,
foi lá que te vi, Óssip Mandel'stame.

O céu pendia sobre o ancoradouro,
sobre a grua, a gaivota-rapineira.
O finito cantava, o duradouro, –
você é *Baobá*, nau canhoneira.

Saúdo o pavilhão tricolorido
com uma palavra em russo –
Perdido era Não-perdido,
e o coração, lugar inconcusso.

BEI TAG

Hasenfell-Himmel. Noch immer
schreibt eine deutliche Schwinge.

Auch ich, erinnere dich,
Staub-
farbene, kam
als ein Kranich.

DE DIA

Céu em pele de lebre. Uma asa
inequívoca ainda escreve.

Lembre-se,
você da cor
do pó, também eu cheguei
como um grou.

KERMORVAN

Du Tausendgüldenkraut-Sternchen,
du Erle, du Buche, du Farn:
mit euch Nahen geh ich ins Ferne, –
Wir gehen dir, Heimat, ins Garn.

Schwarz hängt die Kirschlorbeertraube
beim bärtigen Palmenschaft.
Ich liebe, ich hoffe, ich glaube, –
die kleine Steindattel klafft.

Ein Spruch spricht – zu wem? Zu sich selber:
Servir Dieu est régner, – ich kann
ihn lesen, ich kann, es wird heller,
fort aus Kannitverstan.

KERMORVAN

Estrelinha centáurea você,
você fento, você faia, você amieiro:
vou longe sempre perto de vocês, –
Terra natal você, nosso cativeiro.

Negra pende a drupa do cerejo
às barbas bastas do palmar.
Eu amo, eu creio, eu almejo, –
ameijoa o taralhão no mar.

Diz – a quem? a si – um ditado:
Servir Dieu est régner, – sou capaz
de lê-lo, sou capaz, agora é claro,
de deixar *Kannitverstan* para trás.

Ich habe Bambus geschnitten:
für dich, mein Sohn.
Ich habe gelebt.

Diese morgen fort-
getragene Hütte, sie
steht.

Ich habe nicht mitgebaut: du
weißt nicht, in was für
Gefäße ich den
Sand um mich her tat, vor Jahren, auf
Geheiß und Gebot. Der deine
kommt aus dem Freien – er bleibt
frei.

Das Rohr, das hier Fuß faßt, morgen
steht es noch immer, wohin dich
die Seele auch hinspielt im Un-
gebundnen.

CORTEI BAMBU:
para ti, meu filho.
Eu vivi.

Esta choupana a ser
tragada pelo amanhã, ela
está de pé.

Não ajudei a construí-la: você
nem sabe em que
urnas coloquei
a areia ao meu redor, há anos, por
comando e mandamento. A tua
vem do que é livre – mantém-se
livre.

O colmo que aqui firma raiz, amanhã
ainda aqui estará, aonde quer que a
alma brinque de te levar nesse des-
enlace.

KOLON

Keine im Licht der Wort-
Vigilie erwanderte
Hand.

Doch du, Erschlafene, immer
sprachwahr in jeder
der Pausen:
für
wieviel Vonsammengeschiedenes
rüstest du's wieder zur Fahrt:
das Bett
Gedächtnis!

Fühlst du, wir liegen
weiß von Tausend-
farbenem, Tausend-
mündigem vor
Zeitwind, Hauchjahr, Herz-Nie.

CÓLON

Mão alguma percorrida
à luz vígil da
palavra.

Mas você, a dormecida, sempre
verilíngue em cada uma
das pausas:
por
quanto algum do-todo-à-parte
você a prepara de novo para a viagem:
a cama
da memória!

Sinta, jazemos
em branco de cores
mil, de bocas
mil diante do
tempo alísio, ano em sopro, cordinunca.

IV

Was geschah? Der Stein trat aus dem Berge.
Wer erwachte? Du und ich.
Sprache, Sprache. Mit-Stern. Neben-Erde.
Ärmer. Offen. Heimatlich.

Wohin gings? Gen Unverklungen.
Mit dem Stein gings, mit uns zwein.
Herz und Herz. Zu schwer befunden.
Schwerer werden. Leichter sein.

Que aconteceu? A pedra brotou da serra.
Quem acordou? Você e eu.
Língua, língua. Con-stelação. Contígua terra.
Que empobreceu. Que se abriu. Que acolheu.

Aonde se ia? Ao inexpirado.
Ia-se com a pedra, com nós dois se ia.
Coração e coração. Por demais pesado.
Pesando ainda mais. Mais leve seria.

IN EINS

Dreizehnter Feber. Im Herzmund
erwachtes Schibboleth. Mit dir,
Peuple
de Paris. *No pasarán.*

Schäfchen zur Linken: er, Abadias,
der Greis aus Huesca, kam mit den Hunden
über das Feld, im Exil
stand weiß eine Wolke
menschlichen Adels, er sprach
uns das Wort in die Hand, das wir brauchten, es war
Hirten-Spanisch, darin,

im Eislicht des Kreuzers „Aurora":
die Bruderhand, winkend mit der
von den wortgroßen Augen
genommenen Binde – Petropolis, der
Unvergessenen Wanderstadt lag
auch dir toskanisch zu Herzen.

Friede den Hütten!

EM UM

Treze de fevereiro. Na boca do
coração acorda um shiboleth. Contigo,
Peuple
de Paris. *No pasarán.*

Ovelhinhas à esquerda: ele, Abadias,
o ancião de Huesca, vinha com seus cães
pelo campo, no exílio
uma nuvem de nobreza
humana se alteava branca, ele nos deu
a palavra na mão, a de que precisávamos,
ouvia-se espanhol de pastorinhos, nela,

na luz glacial do cruzador "Aurora":
a mão do irmão, acenando com a
venda tirada dos olhos
palavrimensos – Petrópolis, a cidade
de degredo dos inesquecidos, era
também a ti toscanamente saudosa.

Paz às choupanas!

HINAUSGEKRÖNT,
hinausgespien in die Nacht.

Bei welchen
Sternen! Lauter
graugeschlagenes Herzhammersilber. Und
Berenikes Haupthaar, auch hier, – ich flocht,
ich zerflocht,
ich flechte, zerflechte.
Ich flechte.

Blauschlucht, in dich
treib ich das Gold. Auch mit ihm, dem
bei Huren und Dirnen vertanen,
komm ich und komm ich. Zu dir,
Geliebte.

Auch mit Fluch und Gebet. Auch mit jeder
der über mich hin-
schwirrenden Keulen: auch sie in eins
geschmolzen, auch sie
phallisch gebündelt zu dir,
Garbe-und-Wort.

Mit Namen, getränkt
von jedem Exil.
Mit Namen und Samen,
mit Namen, getaucht
in alle
Kelche, die vollstehn mit deinem
Königsblut, Mensch, – in alle

Excoroado,
excuspido na noite.

Mas sob quanta
estrela! Tanta
prataria grismartelada de-cor. E aqui
também a Cabeleira de Berenice, – trancei,
destrancei,
tranço, destranço.
Eu tranço.

Bocaina de azul, em ti
verto o ouro. É também com ele, o des-
perdiçado com putas e meretrizes,
que venho e venho. Para ti,
amada.

Também com reza e praga. Também com
as clavas todas des-
vespadas sobre mim: também elas em um
só golpe fundidas, também elas
falicamente unidas para ti,
feixe-e-palavra.

Com nomes, embebidos
de todo exílio.
Com nomes e sementes,
com nomes, mergulhados
em todos
os cálices cheios com teu
sangue régio, gente, – em todos

Kelche der großen
Ghetto-Rose, aus der
du uns ansiehst, unsterblich von soviel
auf Morgenwegen gestorbenen Toden.

(Und wir sangen die Warschowjanka.
Mit verschilften Lippen, Petrarca.
In Tundra-Ohren, Petrarca.)

Und es steigt eine Erde herauf, die unsre,
diese.
Und wir schicken
keinen der Unseren hinunter
zu dir,
Babel.

os cálices da grande
rosa dos guetos, de onde
você nos observa, imortal de tantas
mortes morridas nos caminhos da manhã.

(E cantávamos a Varsoviana.
Com lábios juncados, Petrarca.
Nos ouvidos de tundra, Petrarca.)

Vem à tona uma terra, a nossa,
esta.
E não mandamos
nenhum dos nossos abaixo
para ti,
Babel.

WOHIN MIR DAS WORT, das unsterblich war, fiel:
in die Himmelschlucht hinter der Stirn,
dahin geht, geleitet von Speichel und Müll,
der Siebenstern, der mit mir lebt.

Im Nachthaus die Reime, der Atem im Kot,
das Auge ein Bilderknecht –
Und dennoch: ein aufrechtes Schweigen, ein Stein,
der die Teufelsstiege umgeht.

Lá onde me caía a palavra, a imortal:
na bocaina de céu por trás da fronte,
p'ra lá é que vai, guiado por chorume e baba,
o setestrelo que vive comigo.

Rimas na casa da noite, sopro nas fezes,
o olho um lacaio de imagens –
E ainda assim: um silêncio reto, uma pedra
que desvia a escaleira do diabo.

LES GLOBES

In den verfahrenen Augen – lies da:

die Sonnen-, die Herzbahnen, das
sausend-schöne Umsonst.
Die Tode und alles
aus ihnen Geborene. Die
Geschlechterkette,
die hier bestattet liegt und
die hier noch hängt, im Äther,
Abgründe säumend. Aller
Gesichter Schrift, in die sich
schwirrender Wortsand gebohrt – Kleinewiges,
Silben.

Alles,
das Schwerste noch, war
flügge, nichts
hielt zurück.

LES GLOBES

Nos olhos confusos – neles leia:

as órbitas dos sóis, dos corações, o
zunzumbelo do em-vão.
As mortes e tudo
o que nascido delas. O
encadeado das gerações,
que aqui jaz sepultado e
que aqui ainda pende, no Éter,
beirando abismos. De todos
os rostos a escrita, em que se engasta
a areia sibilante da palavra – o evínfimo,
sílabas.

Tudo,
até mesmo o mais pesado, estava
pronto para voar, nada
retinha.

HUHEDIBLU

Schwer-, Schwer-, Schwer-
fälliges auf
Wortwegen und -schneisen.

Und – ja –
die Bälge der Feme-Poeten
lurchen und vespern und wispern und vipern,
episteln.
Geunktes, aus
Hand- und Fingergekröse, darüber
schriftfern eines
Propheten Name spurt, als
An- und Bei- und Afterschrift, unterm
Datum des Nimmermenschtags im September –:

Wann,
wann blühen, wann,
wann blühen die, hühendiblüh,
huhediblu, ja sie, die September –
rosen?

Hüh – on tue... Ja, wann?

Wann, wannwann,
Wahnwann, ja Wahn, –
Bruder
Geblendeter, Bruder
Erloschen, du liest,
dies hier, dies:
Dis-
parates –: Wann

ORECEMAS

Pesada, pesada, pesada-
mente sobre as
vreias e veredas da palavra.

E – sim –
as sítulas dos poetas da Vehme
batraquiam e verberam e verminam e viboram,
epistolam.
Algo anuro, de
bofes na mão e nos dedos, sobre os quais,
longe de por-escrito, um
nome de profeta se traça, como nome
inscrito e sobrescrito e afterscrito, sob a
data do dia de nuncalguém em setembro –:

Quando,
quando florescem, quando,
quando florescem as, orescemasflo,
orecemas, sim, elas, as rosas –
de setembro?

Orre – on tue... Sim, quando?

Quando, quanquando,
louquando, sim louco, –
irmão
cegado, irmão
apagado, você lê,
isto aqui, isto:
dis-
parate –: quando

blüht es, das Wann,
das Woher, das Wohin und was
und wer
sich aus- und an- und dahin- und zu sich lebt, den
Achsenton, Tellus, in seinem
vor Hell-
hörigkeit schwirrenden
Seelenohr, den
Achsenton tief
im Innern unsrer
sternrunden Wohnstatt Zerknirschung? Denn
sie bewegt sich, dennoch, im Herzsinn.

Den Ton, oh,
den Oh-Ton, ah,
das A und das O,
das Oh-diese-Galgen-schon-wieder, das Ah-es-gedeiht,

auf den alten
Alraunenfluren gedeiht es,
als schmucklos-schmückendes Beikraut,
als Beikraut, als Beiwort, als Beilwort,
ad-
jektivisch, so gehn
sie dem Menschen zuleibe, Schatten,
vernimmt man, war
alles Dagegen –
Feiertagsnachtisch, nicht mehr, –:

Frugal,
kontemporan und gesetzlich
geht Schinderhannes zu Werk,
sozial und alibi-elbisch, und
das Julchen, das Julchen:
daseinsfeist rülpst,

floresce, o quando,
o deonde, o praonde e o que
e quem
vive além e aquém e pralguém e pra si, o
tom axial, tellus, no ouvido de sua
alma vespada de
clari-
audiência, o
tom axial fundo
no âmago da contrição
redondamente estelar que nos habita? É que
ela se move, ainda, no atino do coração.

O tom, ó,
o tom do ó, ah,
o A e o O,
o ó-de-novo-esses-cadafalsos, o ah-como-prospera,

prospera pelos velhos
canteiros de mandrágora,
como erva daninha que adorna sem ornar,
como erva daninha, palavra machadaninha,
ad-
jetivamente, é assim que elas des-
ferem o golpe na carne do homem, sombras,
percebe-se, tudo
era Contrário –
sobremesa de festa, nada mais que isso, –:

Frugal,
contemporânea e legalmente
Schinderhannes põe mãos à obra,
social e álibi-hoodicamente, e
a Julieta, sua Julieta:
arrota farta de existência,

rülpst es das Fallbeil los, – call it (hott!)
love.

Oh quand refleuriont, oh roses, vos septembres?

arrota a guilhotina abaixo, – call it (arre!)
love.

Oh quand refleuriont, oh roses, vos septembres?

HÜTTENFENSTER

Das Aug, dunkel:
als Hüttenfenster. Es sammelt,
was Welt war, Welt bleibt: den Wander-
Osten, die
Schwebenden, die
Menschen-und-Juden,
das Volk-vom-Gewölk, magnetisch
ziehts, mit Herzfingern, an
dir, Erde:
du kommst, du kommst,
wohnen werden wir, wohnen, etwas

– ein Atem? ein Name? –

geht im Verwaisten umher,
tänzerisch, klobig,
die Engels-
schwinge, schwer von Unsichtbarem, am
wundgeschundenen Fuß, kopf-
lastig getrimmt
vom Schwarzhagel, der
auch dort fiel, in Witebsk,

– und sie, die ihn säten, sie
schreiben ihn weg
mit mimetischer Panzerfaustklaue! –,

geht, geht umher,
sucht,
sucht unten,
sucht droben, fern, sucht

JANELA DE CHOUPANA

O olho, obscuro:
qual janela de choupana. Ele recolhe
o que era mundo, resta mundo: o oriente
errante, os
que pairam, os
homens-e-judeus, o povo
das nuvens-de-gente, magneticamente
ele atrai, com dedos de-cor, a
ti, terra:
você vem, você vem,
habitar nós vamos, habitar, algo

– um sopro? um nome? –

gira às voltas do orfanado,
bailariça, torpemente,
a asa
de anjo, pesada de invisível, no
pé em carne viva, pesarosa
mente podada
pelo granizo negro, que
lá também caía, em Vitebsk,

– e aqueles que o semeavam, estes
o proscrevem
com garras miméticas de bazuca! –,

gira, dá voltas,
procura,
procura embaixo,
procura em cima, longe, procura

mit dem Auge, holt
Alpha Centauri herunter, Arktur, holt
den Strahl hinzu, aus den Gräbern,

geht zu Ghetto und Eden, pflückt
das Sternbild zusammen, das er,
der Mensch, zum Wohnen braucht, hier,
unter Menschen,

schreitet
die Buchstaben ab und der Buchstaben sterblich-
unsterbliche Seele,
geht zu Aleph und Jud und geht weiter,

baut ihn, den Davidsschild, läßt ihn
aufflammen, einmal,

läßt ihn erlöschen – da steht er,
unsichtbar, steht
bei Alpha und Aleph, bei Jud,
bei den andern, bei
allen: in
dir,

Beth, – das ist
das Haus, wo der Tisch steht mit

dem Licht und dem Licht.

com o olho, traz Alfa
Centauri aqui para baixo, Arcturo, leva
o raio em sua direção, desde as covas,

vai até o gueto e até o Éden, colhe
a constelação que ele,
o homem, precisa para habitar, aqui,
entre os homens,

passa passo
a passo as letras e a alma mortalmente
imortal das letras,
vai até alef e yod e vai adiante,

constrói a estrela de Davi, deixa
pegar fogo, uma só vez,

deixa apagar – aí está ela,
invisível, está
ao lado de alfa e alef, ao lado de yod,
ao lado de outras, de
todas: em
ti,

bet, – esta é
a casa, onde está a mesa com

a luz e a luz.

DIE SILBE SCHMERZ

Es gab sich Dir in die Hand:
ein Du, todlos,
an dem alles Ich zu sich kam. Es fuhren
wortfreie Stimmen rings, Leerformen, alles
ging in sie ein, gemischt
und entmischt
und wieder
gemischt.

Und Zahlen waren
mitverwoben in das
Unzählbare. Eins und Tausend und was
davor und dahinter
größer war als es selbst, kleiner, aus-
gereift und
rück- und fort-
verwandelt in
keimendes Niemals.

Vergessenes griff
nach Zu-Vergessendem, Erdteile, Herzteile
schwammen,
sanken und schwammen. Kolumbus,
die Zeit-
lose im Aug, die Mutter-
Blume,
mordete Masten und Segel. Alles fuhr aus,

frei,
entdeckerisch,
blühte die Windrose ab, blätterte

A SÍLABA DOR

Ela se oferecia a Ti em tua mão:
um Você, sem morte,
em que todo Eu vinha a si. Vozes passavam
livres de palavra ao redor, formas vazias, tudo
entrava nelas, tudo misturava
e desmisturava
e misturava
novamente.

E números eram
tecidos juntamente com o
inumerável. Um e mil e o que
antes disso e por trás disso
fosse maior do que é, menor, ama-
durecido e
trans e tres-
formado em um
nunca em brotação.

Algo esquecido perseguia o
por-esquecer, porções da terra, do coração
nadavam,
afundavam e nadavam. Colombo,
no olho a flor
temporã, a mãe
das flores,
matava mastros e velas. Tudo em seu curso,

livre,
exploratoriamente,
a rosa dos ventos parou de florescer, des-

ab, ein Weltmeer
blühte zuhauf und zutag, im Schwarzlicht
der Wildsteuerstriche. In Särgen,
Urnen, Kanopen
erwachten die Kindlein
Jaspis, Achat, Amethyst – Völker,
Stämme und Sippen, ein blindes

E s   s e i

knüpfte sich in
die schlangenköpfigen Frei-
Taue –: ein
Knoten
(und Wider- und Gegen- und Aber- und Zwillings- und Tau-
sendknoten), an dem
die fastnachtsäugige Brut
der Mardersterne im Abgrund
buch-, buch-, buch-
stabierte, stabierte

petalou-se, um mar oceano
floresceu à flor do mundo, à luz negra
da desrota. Em caixões,
urnas, canopos
despertaram as criancinhas
Jaspe, Ágata, Ametista – povos,
linhagens e tribos, um cego

q u e   s e j a

atava-se às
serpenticapitadas amarras
livres –: um
nó
(e contra- e anti- e des- e gemi- e mil-
nós), junto ao qual a ninhada
de martas martestelares, com olhos
de noite de carnaval, no abismo,
só, só, so-
letrava, letrava.

LA CONTRESCARPE

Brich dir die Atemmünze heraus
aus der Luft um dich und den Baum:

so
viel
wird gefordert von dem,
den die Hoffnung herauf- und herabkarrt
den Herzbuckelweg – so
viel

an der Kehre,
wo er dem Brotpfeil begegnet,
der den Wein seiner Nacht trank, den Wein
der Elends-, der Königs-
vigilie.

Kamen die Hände nicht mit, die wachten,
kam nicht das tief
in ihr Kelchaug gebettete Glück?
Kam nicht, bewimpert,
das menschlich tönende Märzrohr, das Licht gab,
damals, weithin?

Scherte die Brieftaube aus, war ihr Ring
zu entziffern? (All das
Gewölk um sie her – es war lesbar.) Litt es
der Schwarm? Und verstand,
und flog wie sie fortblieb?

Dachschiefer Helling, – auf Tauben-
kiel gelegt ist, was schwimmt. Durch die Schotten

LA CONTRESCARPE

Arranca a moeda de sopro
do ar ao redor de ti e da árvore:

esse é
o tanto
exigido daquele, que a
esperança acarreta para cima e para baixo
pela corcovia do coração – esse é
o tanto

na virada,
onde ele encontra a flecha do pão,
que bebeu o vinho de sua noite, o vinho
da vigília
da miséria, da vigília do rei.

Não vieram junto as mãos que velavam,
não veio a sorte profundamente
acolhida em seu olho de cálice?
Não veio, ciliada, a cana de março,
que ressonava humana, que dava luz,
outrora, amplamente?

A pomba mensageira partiu, seu anel
era decifrável? (Todas aquelas
nuvens ao seu redor – eram legíveis.)
O enxame suportou? E entendeu,
e voou quando ela não mais voltou?

Talude penso qual telhado, – sobre quilha
de pomba repousa tudo o que nada. A

blutet die Botschaft, Verjährtes
geht jung über Bord:

    Über Krakau
    bist du gekommen, am Anhalter
    Bahnhof
    floß deinen Blicken ein Rauch zu,
    der war schon von morgen. Unter
    Paulownien
    sahst du die Messer stehn, wieder,
    scharf von Entfernung. Es wurde
    getanzt. (Quatorze
    juillets. Et plus de neuf autres.)
    Überzwerch, Affenvers, Schrägmaul
    mimten Gelebtes. Der Herr
    trat, in ein Spruchband gehüllt,
    zu der Schar. Er knipste
    sich ein
    Souvenirchen. Der Selbst-
    auslöser, das warst
    du.

O diese Ver
freundung. Doch wieder,
da, wo du hinmußt, der eine
genaue
Kristall.

mensagem sangra pelas anteparas, algo
de anoso salta jovem ao mar:

>Você veio
>por Cracóvia, na estação
>de Anhalter teus
>olhares se cobriram de uma fumaça
>que já era de amanhã. Você viu
>as facas
>sob as paulownias, estavam lá de novo,
>afiadas de distância. Houve
>dança. (Quatorze
>juillets. Et plus de neuf autres.)
>Sobrenviesado, Verssímio, Boquitorto
>imitavam coisas vividas. O senhor,
>envolto numa bandeira, aproximou-se
>da multidão. Ele tirou
>uma foto
>de lembrança. O disparador
>automático, este era
>você.

Ó esse a-
migamento. Mas de novo,
lá, aonde você tem de ir, o único
preciso
cristal.

Es ist alles anders, als du es dir denkst, als ich es mir
    denke,
die Fahne weht noch,
die kleinen Geheimnisse sind noch bei sich,
sie werfen noch Schatten, davon
lebst du, leb ich, leben wir.

Die Silbermünze auf deiner Zunge schmilzt,
sie schmeckt nach Morgen, nach Immer, ein Weg
nach Rußland steigt dir ins Herz,
die karelische Birke
hat
gewartet,
der Name Ossip kommt auf dich zu, du erzählst ihm,
was er schon weiß, er nimmt es, er nimmt es dir ab, mit
    Händen,
du löst ihm den Arm von der Schulter, den rechten, den
    linken,
du heftest die deinen an ihre Stelle, mit Händen, mit
    Fingern, mit Linien,

– was abriß, wächst wieder zusammen –
da hast du sie, da nimm sie dir, da hast du alle
    beide,
den Namen, den Namen, die Hand, die Hand,
da nimm sie dir zum Unterpfand,
er nimmt auch das, und du hast
wieder, was dein ist, was sein war,

Windmühlen

Tudo é diferente do que você imagina, do que eu
     imagino,
a bandeira ainda paneja,
os pequenos segredos ainda persistem,
ainda projetam sua sombra, é disso que
você vive, eu vivo, vivemos.

A moeda de prata funde sobre tua língua,
tem gosto de amanhã, de sempre, um caminho
para a Rússia se assoma em teu coração,
a bétula carélia
a-
guardou,
o nome Óssip vem em tua direção, você conta a ele
as coisas que ele já sabe, ele as toma, ele as pega de ti, com
     mãos,
você tira o braço dele do ombro, o direito, o
     esquerdo,
você coloca os teus no lugar, com mãos, com dedos, com
     linhas,

– o que despedaçou se junta novamente –
aí você os tem, aí você os tome para ti, aí você tem todos os
     dois,
o nome, o nome, a mão, a mão,
aí você os tome para ti em garantia,
ele toma também, e você tem
de novo o que é teu, o que era dele,

moinhos de vento

stoßen dir Luft in die Lunge, du ruderst
durch die Kanäle, Lagunen und Grachten,
bei Wortschein,
am Heck kein Warum, am Bug kein Wohin, ein Widderhorn
    hebt dich
–*Tekiah!* –
wie ein Posaunenschall über die Nächte hinweg in den Tag,
    die Auguren
zerfleischen einander, der Mensch
hat seinen Frieden, der Gott
hat den seinen, die Liebe
kehrt in die Betten zurück, das Haar
der Frauen wächst wieder,
die nach innen gestülpte
Knospe an ihrer Brust
tritt wieder zutag, lebens-,
herzlinienhin erwacht sie
dir in der Hand, die den Lendenweg hochklomm, –

wie heißt es, dein Land
hinterm Berg, hinterm Jahr?
Ich weiß, wie es heißt.
Wie das Wintermärchen, so heißt es,
es heißt wie das Sommermärchen,
das Dreijahreland deiner Mutter, das war es,
das ists,
es wandert überallhin, wie die Sprache,
wirf sie weg, wirf sie weg,
dann hast du sie wieder, wie ihn,
den Kieselstein aus
der Mährischen Senke,
den dein Gedanke nach Prag trug,
aufs Grab, auf die Gräber, ins Leben,

sopram ares em teu pulmão, você rema
pelos canais, lagos e canaletas,
ao lume da palavra,
na popa sem porquê, na proa sem praonde, você se ergue
    ao som da trompa capricórnia
– *Tekiah!* –
qual reboar de trombetas varando as noites até o dia, os
    augúrios
dilaceram-se uns aos outros, o homem
tem sua paz, o deus
tem a sua, o amor
retorna às camas, o cabelo
das mulheres cresce de novo,
o botão de seu seio
virado para dentro
vem de novo à tona, seguindo as linhas da vida,
as linhas do coração ele desponta
em tua mão, que subia lombo acima, –

como ele se chama, teu país
atrás da montanha, atrás do ano?
Eu sei como ele se chama.
Como o conto de inverno, é assim que ele se chama,
ele se chama como o conto de verão,
o país-dos-três-anos de tua mãe, era ele,
é ele,
ele anda vagando por toda parte, como a língua,
jogue ela fora, jogue ela fora,
e você a terá de novo, como a ele,
o seixo dos
vales morávios,
que teu pensamento levou para Praga,
para a cova, para as covas, para a vida,

längst
ist er fort, wie die Briefe, wie alle
Laternen, wieder
mußt du ihn suchen, da ist er,
klein ist er, weiß,
um die Ecke, da liegt er,
bei Normandie-Njemen – in Böhmen,
da, da, da,
hinterm Haus, vor dem Haus,
weiß ist er, weiß, er sagt:
Heute – es gilt.
Weiß ist er, weiß, ein Wasser
strahl findet hindurch, ein Herzstrahl,
ein Fluß,
du kennst seinen Namen, die Ufer
hängen voll Tag, wie der Name,
du tastest ihn ab, mit der Hand:
Alba.

há tempos
que ele se foi, como as cartas, como todas
as lanternas, de novo
você tem de procurá-lo, ali está ele,
como é pequeno, branco,
na esquina, ali está ele,
junto à Normandia-Niémen – na Boêmia,
ali, ali, ali,
atrás da casa, diante da casa,
ele é branco, branco, ele diz:
Hoje – é o que conta.
Ele é branco, branco, um jorro
d'água encontra seu viés, um jorro do coração,
um rio,
você sabe seu nome, as margens
estão repletas de dia, como o nome,
você o sente com os dedos, com a mão:
Alba.

UND MIT DEM BUCH AUS TARUSSA

Все поэты жиды.
Marina Zwetajewa

Vom
Sternbild des Hundes, vom
Hellstern darin und der Zwerg-
leuchte, die mitwebt
an erdwärts gespiegelten Wegen,

von
Pilgerstäben, auch dort, von Südlichem, fremd
und nachtfasernah
wie unbestattete Worte,
streunend
im Bannkreis erreichter
Ziele und Stelen und Wiegen.

Von
Wahr- und Voraus- und Vorüber-zu-dir-,
von
Hinaufgesagtem,
das dort bereitliegt, einem
der eigenen Herzsteine gleich, die man ausspie
mitsamt ihrem un-
verwüstlichen Uhrwerk, hinaus
in Unland und Unzeit. Von solchem
Ticken und Ticken inmitten
der Kies-Kuben mit
der auf Hyänenspur rückwärts,
aufwärts verfolgbaren
Ahnen-
reihe Derer-
vom-Namen-und-Seiner-

E COM O LIVRO DE TARUSA

> *Todos os poetas são judeus.*
> Marina Tsvetáieva

Da
constelação do Cão, de sua
estrela mais brilhante e da luminosidade
anã, que paira com ela
por caminhos que refletem na Terra,

de
cajados peregrinos, também lá, do que é do sul,
estranho e próximo à fibra da noite
como palavras insepultas,
girando
em órbitas de alcançadas
metas e estelas e berços.

Do
veredito e predito e por-ti-dito,
do
dito para cima,
que lá a postos, igualando
uma das próprias cordipedras, que cuspíamos
junto com seus in-
destrutíveis relógios, para fora
na desterra e no destempo. De tais
tiques e taques em meio aos
cubos de cascalho com
linhagens rastreáveis, rastro
de hiena atrás e
acima, de ante-
passados dos
de-nome-e-de-sua-

Rundschlucht.

Von
einem Baum, von einem.
Ja, auch von ihm. Und vom Wald um ihn her. Vom Wald
Unbetreten, vom
Gedanken, dem er entwuchs, als Laut
und Halblaut und Ablaut und Auslaut, skythisch
zusammengereimt
im Takt
der Verschlagenen-Schläfe,
mit
geatmeten Steppen-
halmen geschrieben ins Herz
der Stundenzäsur – in das Reich,
in der Reiche
weitestes, in
den Großbinnenreim
jenseits
der Stummvölker-Zone, in dich
Sprachwaage, Wortwaage, Heimat-
waage Exil.

Von diesem Baum, diesem Wald.

Von der Brücken-
quader, von der
er ins Leben hinüber
prallte, flügge
von Wunden, – vom
Pont Mirabeau.
Wo die Oka nicht mitfließt. Et quels
amours! (Kyrillisches, Freunde, auch das
ritt ich über die Seine,
ritts übern Rhein.)

bocaina redondada.

De
uma árvore, de uma.
Sim, também dela. E da mata ao seu redor. Da mata
Inviolada, do
pensamento do qual ela cresceu, como som
e semi e outro e finissom, citicamente
rimado
no compasso
das batidas na fronte,
escrito com
ares de palmas
da estepe no coração
da cesura da hora – no reino,
no mais ancho
dos reinos, na
mais interior das rimas
além
da zona dos povos mudos, em ti,
balança da língua, da palavra, da terra
natal exílio.

Dessa árvore, dessa mata.

Da cantaria
da ponte, de onde
ele saltou para a
vida, à revelia de
seus próprios ferimentos – da
Ponte Mirabeau.
Por onde o Oka não flui. Et quels
amours! (Algo de cirílico, amigos, também
isso eu galguei sobre o Sena,
galguei sobre o Reno.)

Von einem Brief, von ihm.
Vom Ein-Brief, vom Ost-Brief. Vom harten,
winzigen Worthaufen, vom
unbewaffneten Auge, das er
den drei
Gürtelsternen Orions – Jakobs-
stab, du,
abermals kommst du gegangen! –
zuführt auf der
Himmelskarte, die sich ihm aufschlug.

Vom Tisch, wo das geschah.

Von einem Wort, aus dem Haufen,
an dem er, der Tisch,
zur Ruderbank wurde, vom Oka-Fluß her
und den Wassern.

Vom Nebenwort, das
ein Ruderknecht nachknirscht, ins Spätsommerohr
seiner hell-
hörigen Dolle:

Kolchis.

De uma carta, dela.
Daquela uma carta, da carta do oriente.
De amontoados duros, ínfimos de palavra,
do olho desarmado, que ela,
em direção às três
estrelas do cinturão de Órion – cajado de
Jacó, você,
de novo você revém! –,
que ela guia na
carta celeste, que se lhe abria.

Da mesa, onde isso aconteceu.

De uma palavra, do amontoado,
em que ela, a mesa,
tornou-se banco de remadores, desde o Rio Oka
e das águas.

Da palavra contígua, que um remador das
galés remói no ouvido do fim de verão
de sua clari-
ouvinte forqueta:

Cólquida.

IN DER LUFT, da bleibt deine Wurzel, da,
in der Luft.
Wo sich das Irdische ballt, erdig,
Atem-und-Lehm.

Groß
geht der Verbannte dort oben, der
Verbrannte: ein Pommer, zuhause
im Maikäferlied, das mütterlich blieb, sommerlich, hell-
blütig am Rand
aller schroffen,
winterhart-kalten
Silben.

Mit ihm
wandern die Meridiane:
an-
gesogen von seinem
sonnengesteuerten Schmerz, der die Länder verbrüdert nach
dem Mittagsspruch einer
liebenden
Ferne. Aller
orten ist Hier und ist Heute, ist, von Verzweiflungen her,
der Glanz,
in den die Entzweiten treten mit ihren
geblendeten Mündern:

der Kuß, nächtlich,
brennt einer Sprache den Sinn ein, zu der sie erwachen, sie –:

No AR, é aí que fica tua raiz, aí,
no ar.
Onde o que é terreno se embola, terroso,
sopro-e-barro.

Grande
orbita lá em cima o banido, o brasido:
um pomerano em casa na canção da Maikäfer,
que restou maternal, estival, clari-
sanguíneo à beira
do de-chofre
em cada sílaba fria,
duramente invernal.

Com ele
vagam os meridianos:
as-
pirado, na esteira do sol,
por sua dor que irmana as terras todas
com a palavra do meio-dia de uma
distância
adorável. Todo-
lugar é Aqui e é Hoje, é, desde os desesperos,
o brilho
em que surgem os segregados com suas
bocas ofuscadas:

o beijo, noturno, faz arder
o sentido numa língua, para a qual eles despertam, eles –:

heimgekehrt in
den unheimlichen Bannstrahl,
der die Verstreuten versammelt, die
durch die Sternwüste Seele Geführten, die
Zeltmacher droben im Raum
ihrer Blicke und Schiffe,
die winzigen Garben Hoffnung,
darin es von Erzengelfittichen rauscht, von Verhängnis,
die Brüder, die Schwestern, die
zu leicht, die zu schwer, die zu leicht
Befundenen mit
der Weltenwaage im blut-
schändrischen, im
fruchtbaren Schoß, die lebenslang Fremden,
spermatisch bekränzt von Gestirnen, schwer
in den Untiefen lagernd, die Leiber
zu Schwellen getürmt, zu Dämmen, – die

Furtenwesen, darüber
der Klumpfuß der Götter herüber
gestolpert kommt – um
wessen
Sternzeit zu spät?

de volta ao lar
na estranheza do anátema
que reúne os dispersados, os que
almaguiados pelo deserto-estrela, os que
armam tendas lá em cima no espaço
de seus olhares e navios,
os feixes ínfimos da esperança, em que
murmuram asas de arcanjo, de infortúnio,
os irmãos, as irmãs, os
leves demais, os pesados demais, os pesados
como demasiadamente leves pela
balança do mundo na vergonha
do sangue incasto, no
seio fértil, os sempiternos estrangeiros,
seminalmente coroados de estrelas, carre-
gadamente campeados nos rasos, os corpos
empilhados feito barragens, diques, – eles

as criaturas dos vaus, sobre as quais
o pé torto dos deuses vem
tropeçando – no tempo
sideral de quem
tarde demais?

SOBRE O AUTOR

Paul Celan, pseudônimo de Paul Antschel, nasceu em 23 de novembro de 1920 em Tchernivtsi (então pertencente ao Reino da Romênia), antiga capital da província da Bucovina, uma região caracterizada pela diversidade cultural e linguística que até 1918 fizera parte do Império Austro-Húngaro.

Sua família pertencia a uma comunidade judaica que prosperara durante os 150 anos de domínio austríaco na região. Celan cresceu falando alemão em casa e romeno na escola. Também entendia iídiche e mais tarde se tornaria fluente em francês, russo e ucraniano, entre outros idiomas. Mas foi o alemão a língua que escolheu para escrever sua obra poética.

Em 1939, com o início da guerra, Celan abandona os estudos de medicina iniciados em Tours, na França, e se matricula em filologia românica na Universidade de Tchernivtsi. Em 1940, como resultado do pacto entre Hitler e Stálin, Tchernivtsi é ocupada por tropas soviéticas, e no ano seguinte, com o colapso do pacto, pelas forças alemãs e romenas. Seus pais são deportados para um campo de concentração alemão onde morrem tragicamente em 1942: o pai, de tifo, a mãe alvejada quando já não tinha condições de trabalhar. O próprio Celan passa por uma série de campos de trabalho ao longo de 18 meses, até a libertação da Romênia pelo Exército Vermelho, em 1944.

Após a guerra, Celan emigra para Bucareste, onde trabalha como tradutor e leitor numa editora e começa a publicar seus poemas e traduções. Em 1947, após breve estada em Viena, onde travava amizade com a poeta Ingeborg Bachmann, se estabelece em Paris, onde completa os estudos em filologia e literatura e se torna professor-leitor de alemão na École Normale Supérieure, cargo que manterá até o fim da vida. Em 1948 publica seu primeiro livro de poemas, *Der Sand aus den Urnen* (*A areia das urnas*), que, por problemas de edição, ele manda recolher logo em seguida. Em 1952, casa-se com a artista gráfica Gisèle Lestrange, com quem terá um filho, Eric, nascido em 1955, mesmo ano em que se torna cidadão francês. Recebe o Prêmio de Literatura da cidade de Bremen em 1958 e o prêmio Georg Büchner em 1960. Além da atividade literária, continua realizando numerosas traduções do francês, russo, italiano, romeno, português e hebraico, de autores como Arthur Rimbaud, Paul Valéry, Henri Michaux, Óssip Mandelstam, Aleksandr Blok, William Shakespeare, Emily Dickinson, Emil Cioran, Fernando Pessoa, entre muitos outros.

Em 20 de abril de 1970, Paul Celan comete suicídio atirando-se no rio Sena, em Paris.

Em vida, Celan publicou sete volumes de poesia: *Der Sand aus den Urnen* (*A areia das urnas*, 1948), *Mohn und Gedächtnis* (*Papoula e memória*, 1952), *Von Schwelle zu Schwelle* (*De limiar em limiar*, 1955), *Sprachgitter* (*Grade da palavra*, 1959), *Die Niemandsrose* (*A rosa de ninguém*, 1963), *Atemwende* (*Ar-reverso*, 1967) e *Fadensonnen* (*Sóis de fio*, 1968). O autor deixou ainda três livros que foram publicados postumamente: *Lichtzwang* (*Compulsão de luz*, 1970), *Schneepart* (*Partida da neve*, 1971) e *Zeitgehöft* (*Sítio do tempo*, 1976).

SOBRE O TRADUTOR

Mauricio Mendonça Cardozo nasceu em Curitiba, em 1971. Professor de teoria da tradução, tradução literária e literatura alemã na Universidade Federal do Paraná, é autor e organizador de vários livros e artigos sobre questões teóricas e críticas da tradução literária. É também tradutor de autores como Johann Wolgang von Goethe, Heinrich Heine, Theodor Storm, Rainer Maria Rilke, Thomas Mann, Else Lasker-Schüler, e. e. cummings e Paul Celan, com destaque para as novelas *A assombrosa história do homem do cavalo branco* (2006) e *O centauro bronco* (2006), dupla tradução da obra *Der Schimmelreiter*, de Storm, a antologia de poemas *O tigre de veludo* (2007, em coautoria com Adalberto Müller e Mário Domingues), de e. e. cummings (finalista do Prêmio Jabuti de Tradução Literária, 2008), *Viagem ao Harz*, primeiro volume dos *Quadros de viagem*, de Heine (2014), e a autobiografia *Poesia e verdade*, de Goethe (Prêmio Paulo Rónai de Tradução, 2018).

Este livro foi composto em Sabon, pela Franciosi & Malta, com CTP da New Print e impressão da Graphium em papel Pólen Soft 80 g/m² da Cia. Suzano de Papel e Celulose para a Editora 34, em abril de 2021.